ITIL® 4 – Pocketguide 2de druk

Andere uitgaven bij Van Haren Publishing

Van Haren Publishing (VHP) is gespecialiseerd in uitgaven over Best Practices, methodes en standaarden op het gebied van de volgende domeinen:
- IT en IT-management;
- Enterprise-architectuur;
- Projectmanagement, en
- Businessmanagement.

Deze uitgaven zijn beschikbaar in meerdere talen en maken deel uit van toonaangevende series, zoals *Best Practice, The Open Group series, Project management* en *PM series*.

Van Haren Publishing is tevens de uitgever voor toonaangevende instellingen en bedrijven, onder andere: Agile Consortium, ASL BiSL Foundation, CA, Centre Henri Tudor, CM Partners, Gaming Works, IACCM, IAOP, IPMA-NL, ITSqc, NAF, KNVI, PMI-NL, PON, The Open Group, The SOX Institute.

Onderwerpen per domein zijn:

IT and IT Management	Enterprise Architecture	Project Management
ABC of ICT	ArchiMate®	A4-Projectmanagement
ASL®	BIAN	DSDM/Atern
CMMI®	GEA®	ICB / NCB
COBIT®	Novius Architectuur Methode	ISO 21500
e-CF	TOGAF®	MINCE®
ISM		M_o_R®
ISO/IEC 20000	**Business Management**	MSP®
ISO/IEC 27001/27002	*BABOK® Guide*	P3O®
ISPL	BiSL® and BiSL® Next	*PMBOK® Guide*
IT4IT®	BRMBOK™	Praxis®
IT-CMF™	BTF	PRINCE2®
IT Service CMM	CATS CM®	
ITIL®	EFQM	
MOF	eSCM	
MSF	FSM	
SABSA	IACCM	
SAF	ISA-95	
SIAM™	ISO 9000/9001	
TRIM	OPBOK	
VersiSM™	SixSigma	
	SOX	
	SqEME®	

Voor een compleet overzicht van alle uitgaven, ga naar onze website: www.vanharen.net

ITIL®4
Pocketguide 2de druk

Jan van Bon

Colofon

Titel:	ITIL® 4 – Pocketguide 2de druk
Auteur:	Jan van Bon
Uitgever:	Van Haren Publishing, 's-Hertogenbosch, www.vanharen.net
Ontwerp & layout:	Coco Bookmedia, Amersfoort-NL
ISBN Hardcopy:	978 94 018 0628 2
ISBN eBook (pdf):	978 94 018 0631 2
ISBN EPUB:	978 94 018 0633 6
Druk:	Eerste druk, eerste oplage, mei 2019
	Tweede druk, eerste oplage, februari 2020

© 2019, 2020 Van Haren Publishing

Alle rechten voorbehouden. Niets uit deze uitgave mag worden vermenigvuldigd en/of openbaar gemaakt door middel van druk, fotokopie, microfilm of op welke andere wijze ook, zonder voorafgaande schriftelijke toestemming van de uitgever.

Hoewel deze uitgave met de grootst mogelijk zorg is opgesteld, kan noch de redactie, noch de uitgever enige aansprakelijkheid aanvaarden voor schade voortvloeiend uit fouten of onvolkomenheden in de tekst.

The ITIL glossary is Copyright © AXELOS Limited 2019. All rights reserved.
Material is reproduced with the permission of AXELOS.
Reproduced under license from AXELOS: diagrams 1 (7), 2, 3, 9, 10 and 11.

Trademark notices
ITIL® is a registered Trade Mark of AXELOS Limited. All rights reserved.

Voorwoord

Deze pocketguide biedt een beknopte samenvatting van de nieuwe ITIL versie 4, gepubliceerd in 2019. Het boek is gebaseerd op de ITIL 4 editie van de ITIL® Foundation-uitgave en op de bijbehorende trainingsinstructies, en leent zich bij uitstek als een voorbereiding op het ITIL 4 Foundation-examen. Lezers die zich niet op het examen voorbereiden krijgen met deze pocketguide een compacte introductie in de basisbegrippen van ITIL 4.

Deze pocketguide maakt lezers bekend met het ITIL 4 framework door:
- inzicht te verkrijgen in de belangrijkste concepten van servicemanagement
- te begrijpen hoe de zeven ITIL-richtinggevende principes een organisatie kunnen helpen bij het adopteren en toepassen van servicemanagement
- inzicht te verkrijgen in de vier dimensies van servicemanagement
- inzicht te verkrijgen in het doel en de componenten van het ITIL-servicewaardesysteem
- inzicht te verkrijgen in de zes activiteiten van de servicewaardeketen en hoe deze onderling verbonden zijn
- het doel en de belangrijkste begrippen van 15 van de 34 ITIL-practices te leren kennen
- zeven van die 15 ITIL-practices in detail te leren begrijpen

Hoofdstuk 6 bevat alle exameneisen voor het ITIL 4 Foundation examen. De pocketguide levert daarvoor alle informatie over het materiaal dat kandidaten moeten *kennen* op niveau 1 volgens de taxonomie van Bloom (*noemen/definiëren*) en moeten *begrijpen* op Bloom's niveau 2 (*beschrijven/ uitleggen*). Deze pocketguide is gebaseerd op de ITIL 4 Foundation examenspecificatie van januari 2019. In het geval er na die datum nog een nieuwe versie uitkomt, dient de lezer de verschillen ten opzichte van de januariversie goed te bestuderen.

De pocketguide biedt ook ondersteuning voor iedereen die eerdere ITIL-edities kent en op zoek is naar een brug naar deze nieuwe editie. ITIL 4 heeft een grote sprong gemaakt in de moderne wereld van IT-servicemanagement, waarbij de nieuwste principes en practices worden behandeld op een klantgerichte en servicegerichte manier. Daarbij kunnen Agile principes worden toegepast voor de maximale ondersteuning van elke organisatie.

Als u deze pocketgids gebruikt als voorbereiding op het ITIL 4 Foundation-examen, concentreer u dan op de standaard (zwarte) tekst. Alle inhoud die *verder* gaat dan de basis examenvereisten is op een andere manier opgemaakt, als enigszins gekleurde tekst (zoals in deze alinea). Dit zal u nog meer ondersteunen bij het gebruik van deze pocketguide, in de voorbereiding op het examen.

Ik ben ervan overtuigd dat deze pocketguide een uitstekend naslagwerk zal zijn voor vakmensen, studenten en anderen die een beknopte samenvatting zoeken van de belangrijkste ITIL 4-concepten.

Dankwoord

Deze pocketguide is gebaseerd op de officiële publicatie van ITIL 4, en een update van de bekende ITIL V2, ITIL V3 en ITIL 2011 pocketguides, geproduceerd door dezelfde redactie.

De oorspronkelijke Engelse tekst van deze pocketguide is gereviewd door een team van experts op het gebied van IT-servicemanagement en ITIL. Het reviewteam bestaat uit de volgende experts:
- Maarten Bordewijk [Bordewijk Training & Advies, NL]
- John Deland [ITSM-consultant, Canada]
- Frederik van Eeden [Erik van Eeden, NL]
- Jaap Germans [Pink Elephant, NL]
- Peter van Gijn [CGI, NL]
- Jan Heunks [Management Consulting Solutions, NL]
- Kevin Holland [onafhankelijk, UK]
- Matiss Horodishtiano [M.H. Consulting and Training Ltd, Israel]
- Karel Höster [Global Knowledge, NL]
- Roman Jouravlev [AXELOS, UK]
- Steve Mann [SM2 Ltd, UK]

Alle reviewers besteedden hun waardevolle uren aan een gedetailleerde review van de tekst en beantwoordden daarbij de kernvraag: "Is de inhoud van deze pocketguide een juiste weerspiegeling van de inhoud van ITIL 4 en dekt deze de ITIL 4 Foundation examenvereisten, gegeven de beperkte omvang van een pocketguide?"

Ze leverden samen honderden waardevolle verbeterpunten aan en droegen aanzienlijk bij aan de kwaliteit van deze pocketguide, waarvoor we hen bijzonder dankbaar zijn.

De Nederlandse vertaling van de pocketguide is vervolgens gereviewd door:
- Maarten Bordewijk [Bordewijk Training & Advies, NL]
- Frederik van Eeden [Erik van Eeden, NL]
- Peter van Gijn [CGI, NL]
- Jan Heunks [Management Consulting Solutions, NL]
- Karel Höster [Global Knowledge, NL]

Aan de hand van de *Vertaallijst ITSM-begrippen* hebben zij de Nederlandse terminologie en tekst gereviewd, zodat er uiteindelijk in gezamenlijk inspanning een consistente, Nederlandse vertaling beschikbaar is gekomen van de Engelstalige ITIL® 4 Pocket Guide.

De vertaling is daarna getoetst tegen de Nederlandse editie van de ITIL 4 Glossary van AXELOS en in lijn gebracht met de daarin gehanteerde keuzes, zodat de pocketguide ook kan worden gebruik als voorbereiding op het Nederlandstalige examen ITIL 4 Foundation.

Inhoud

DE GESCHIEDENIS VAN ITIL **13**

1 INLEIDING **15**

    1.1   Het ITIL 4 framework 16
            1.1.1   Het ITIL-servicewaardesysteem 16
            1.1.2   Het vier dimensies model 19

2 KERNBEGRIPPEN VAN SERVICEMANAGEMENT **21**

    2.1   Cocreatie van waarde 22
    2.2   Stakeholders 23
            2.2.1   Service-providers 23
            2.2.2   Serviceconsumenten 24
            2.2.3   Andere stakeholders 24
    2.3   Producten en services 25
            2.3.1   Serviceaanbiedingen 26
    2.4   Servicerelaties 26
            2.4.1   Het servicerelatiemodel 28
    2.5   Waarde 29
            2.5.1   Eindresultaten 30
            2.5.2   Kosten 30
            2.5.3   Risico's 31
            2.5.4   Utility en warranty 32

3 DE VIER DIMENSIES VAN SERVICEMANAGEMENT 35

- 3.1 Organisaties en mensen 36
- 3.2 Informatie en technologie 37
- 3.3 Partners en leveranciers 39
- 3.4 Waardestromen en processen 41
- 3.5 Externe factoren 43

4 HET ITIL-SERVICEWAARDESYSTEEM 45

- 4.1 Overzicht servicewaardesysteem 45
- 4.2 Kansen en vraag 47
- 4.3 De ITIL-richtinggevende principes 47
- 4.4 Governance 50
- 4.5 Service-waardeketen 51
  - 4.5.1 Plannen 53
  - 4.5.2 Verbeteren 54
  - 4.5.3 Betrekken 55
  - 4.5.4 Ontwerp en transitie 56
  - 4.5.5 Verkrijgen/bouwen 57
  - 4.5.6 Opleveren en ondersteunen 58
- 4.6 Waardestromen en de servicewaardeketen 59
- 4.7 Voortdurend verbeteren 59
- 4.8 Practices 61

5 ITIL-PRACTICES 63

- 5.1 Algemene management-practices 66
  - 5.1.1 Architectuurmanagement 66
  - 5.1.2 Financieel management van services 67
  - 5.1.3 Informatiebeveiligingsmanagement 68
  - 5.1.4 Kennismanagement 68
  - 5.1.5 Leveranciersmanagement 69
  - 5.1.6 Meting en rapportage 70
  - 5.1.7 Organisatieverandermanagement 71
  - 5.1.8 Personeels- en talentmanagement 72
  - 5.1.9 Portfoliomanagement 73
  - 5.1.10 Projectmanagement 74
  - 5.1.11 Relatiemanagement 75

		5.1.12	Risicomanagement	75
		5.1.13	Strategiemanagement	76
		5.1.14	Voortdurend verbeteren	76

	5.2	Servicemanagement-practices	79
		5.2.1 Bedrijfsanalyse	80
		5.2.2 Beschikbaarheidsmanagement	81
		5.2.3 Capaciteits- en prestatiemanagement	82
		5.2.4 Change enablement	82
		5.2.5 Incidentmanagement	85
		5.2.6 IT-assetmanagement	86
		5.2.7 Monitoring en eventmanagement	87
		5.2.8 Problemmanagement	89
		5.2.9 Releasemanagement	91
		5.2.10 Servicecatalogusmanagement	92
		5.2.11 Serviceconfiguratiemanagement	93
		5.2.12 Servicecontinuïteitsmanagement	94
		5.2.13 Servicedesk	96
		5.2.14 Servicelevelmanagement	98
		5.2.15 Serviceontwerp	100
		5.2.16 Servicerequestmanagement	101
		5.2.17 Servicevalidatie en testen	102

	5.3	Technische management-practices	103
		5.3.1 Infrastructuur- en platformmanagement	104
		5.3.2 Softwareontwikkeling en -management	105
		5.3.3 Uitrolmanagement	106

	5.4	Relaties tussen practices en activiteiten in de servicewaardeketen	107

6 HET ITIL 4 FOUNDATION EXAMEN 111

6.1	Doel	111
6.2	Omstandigheden	112
6.3	Vraagtypes	112
6.4	Weging	112
6.5	Voorbereiding	113
6.6	Certiferingschema	113

7 VERSCHILLEN MET VORIGE ITIL-VERSIES 117
7.1 Wijzigingen in de lijst met processen/practices 120

8 WOORDENLIJST 123

ACRONIEMEN 149

BRONNEN 151

De geschiedenis van ITIL

ITIL is de belangrijkste leidraad geweest voor IT-servicemanagement in de afgelopen drie decennia. Wereldwijd hebben miljoenen mensen die leidraad toegepast in hun dagelijkse werk, voor een gestructureerde aanpak van één van de belangrijkste ondersteunende domeinen van moderne organisaties: het leveren van IT-services ter verbetering van bedrijfsresultaten.

In moderne digitale organisaties is de rol van informatietechnologie (IT) de afgelopen jaren nog verder toegenomen, waarbij IT is geïntegreerd met vele andere ondersteunende taakgebieden en met de primaire activiteiten in de business. Dit benadrukt het belang van de rol van IT nog meer. En met de versnelling van de aanpassingen in de business dient IT zich steeds sneller aan te passen om die business te kunnen blijven ondersteunen. Dit betekent dat de IT-service-provider Agile manieren zal moeten toepassen om zijn bijdrage te leveren aan de cocreatie van waarde. Met andere woorden: het was tijd voor een nieuwe editie van de ITIL-leidraad.

In de eerste versie van ITIL, vanaf het einde van de jaren tachtig tot de eeuwwisseling, was de tekst gebaseerd op een lange lijst van *best practices* die in tientallen boekjes waren vastgelegd. Hoewel over het exacte aantal boeken enige discussie bestaat, telde de totale bibliotheek zo'n 50 titels. De leidraad was in hoofdzaak gericht op het ondersteunen van de technologie.

In 2000-2001 is de ITIL-leidraad bijgewerkt en vastgelegde in een set van twee kernboeken: ITIL Service Support en ITIL Service Delivery. In de daaropvolgende jaren werden nog aanvullende boeken gepubliceerd, maar die twee kernboeken bevatten de leidende teksten.

In 2007 werd de derde versie van ITIL gepubliceerd: ITIL v3. Deze versie was gebouwd op het paradigma van een servicelevenscyclus met vijf fasen. Elke fase werd beschreven in een afzonderlijke publicatie. Deze vijf kernboeken werden vervolgens in 2011 bijgewerkt tot een revisie van ITIL v3, maar met beperkte verschillen. Met ITIL v3 verschoof de focus van technologie naar services.

Het tempo van de ontwikkeling in de IT-industrie versnelde de afgelopen 10 jaren zodanig, dat een grondige aanpassing van ITIL vereist was. Niet alleen de technologie en de rol van IT in het bedrijfsleven hadden enorme vooruitgang geboekt, ook de *practices* die werden gebruikt in de IT-industrie hadden een serieuze evolutie doorgemaakt. Agile en DevOps-benaderingen, cloud-technologie en de integratie van IT met vele andere taakgebieden waren daarbij enkele van de meest opvallende ontwikkelingen.

Met het nieuwe ITIL 4 is een grote stap gezet om op die ontwikkelingen in te spelen. ITIL 4 ondersteunt moderne manieren om waarde te leveren in een actieve cocreatie-inspanning met stakeholders, met behulp van een Agile benadering in een klantgerichte omgeving. De holistische benadering van ITIL 4 ondersteunt niet alleen het managen van IT-services, maar ook andere dienstverlenende taakgebieden, waarmee IT geïntegreerd kan worden met de business en met andere supportdomeinen.

1 Inleiding

> **Leerresultaten:**
> - Begrijp het doel en de componenten van het ITIL-servicewaardesysteem.
>
> **Beoordelingscriteria:**
> - Beschrijf het ITIL-servicewaardesysteem.

Het afgelopen decennium heeft aangetoond dat dienstverlening het dominerende economische model is geworden. De integratie van IT en de business en het toenemende tempo van technologische ontwikkelingen hebben geleid tot de behoefte aan een volwaardig, strategisch IT-servicemanagementvermogen.

De digitalisering van bedrijven en economieën heeft duidelijk gemaakt dat organisaties moeten leren om hun IT-services op een flexibele manier te leveren, waarbij Agile technieken worden gecombineerd met garanties ten aanzien van voorspelbaarheid en stabiliteit. Dit legt een grote verantwoordelijkheid op de schouders van IT-servicemanagement en op haar belangrijkste leidraad, ITIL.

ITIL biedt al meer dan 30 jaar de toonaangevende leidraad voor IT-servicemanagement. ITIL 4 brengt ITIL up-to-date door een groot deel van de bestaande practices opnieuw vorm te geven in de bredere context van klantgerichtheid, waardestromen en digitale transformatie, en omarmt daarbij nieuwe benaderingen zoals Agile, Lean en DevOps.

■ 1.1 HET ITIL 4 FRAMEWORK

De belangrijkste componenten van het ITIL 4 framework zijn het ITIL-servicewaardesysteem (SWS) en het vier dimensies model.

1.1.1 Het ITIL-servicewaardesysteem

Het ITIL-servicewaardesysteem (SWS, Figuur 1) is een model dat beschrijft hoe alle componenten en activiteiten van een organisatie samenwerken bij de creatie van waarde door IT-services.[1]

Het SWS omvat de volgende componenten:
- de ITIL-servicewaardeketen
- de ITIL-practices[2]
- de ITIL-richtinggevende principes
- governance
- voortdurend verbeteren

De **ITIL-servicewaardeketen** is een reeks samenhangende activiteiten die een organisatie uitvoert om een waardevol product of een waardevolle service aan haar serviceconsumenten te leveren en zodoende waardecreatie te ondersteunen. Het levert een managementmodel voor service-providers bestaande uit zes kernactiviteiten, waarbij *practices* worden toegepast om de geleverde waarden voortdurend te verbeteren.

---

1 Service is een synoniem van *dienst*. De pocketguide hanteert de term *service*, omdat veel combinatiebegrippen de term *service* bevatten.
2 ITIL 4 gebruikt de termen 'practice' en 'management-practice' door elkaar. Alle ITIL 4 practices zijn management-practices. Deze pocketguide hanteert kortheidshalve de term 'practice'. In combinaties met specifieke managementdomeinen kan de term 'management' nog wel voorkomen in combinatie met 'practice', bijvoorbeeld bij 'algemene management-practices'.

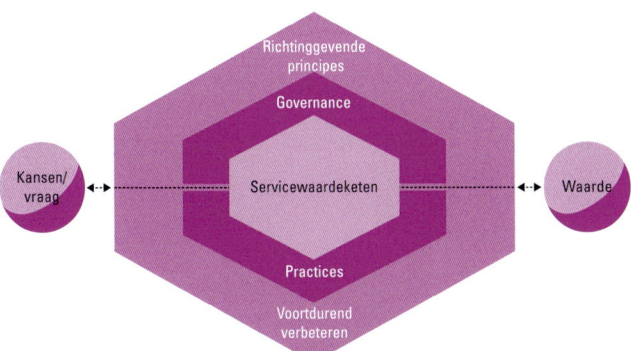

Figuur 1. Het ITIL-servicewaardesysteem (SWS)

De **ITIL-practices** zijn sets van organisatorische middelen die zijn ontworpen voor het uitvoeren van werkzaamheden of het bereiken van een doelstelling. Activiteiten in de servicestromen kunnen gebaseerd zijn op erkende *practices*.

De **ITIL-richtinggevende principes** zijn aanbevelingen die een organisatie onder alle omstandigheden richting kunnen geven, ongeacht veranderingen in doelen, strategieën, soort werk of managementstructuur. Deze richtinggevende principes zorgen ervoor dat de organisatie op een consistente, effectieve en efficiënte manier presteert.

Governance is de manier waarop een organisatie wordt bestuurd en beheerst. De governance van een organisatie is gebaseerd op een consistente set van richtinggevende principes. Met governance kan de organisatie ervoor zorgen dat haar activiteiten altijd in overeenstemming zijn met haar strategie.

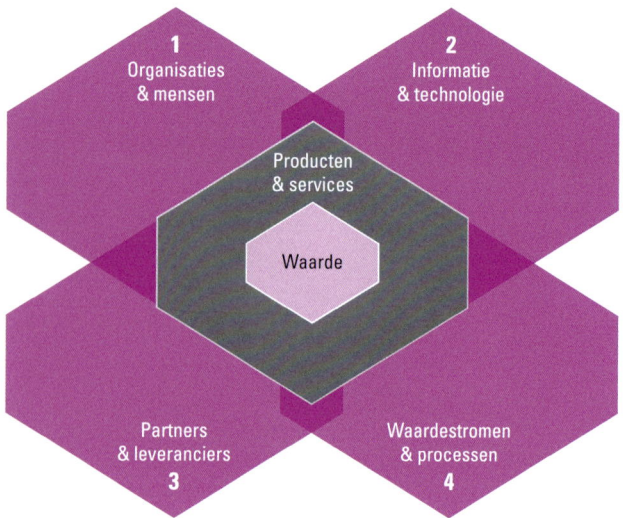

Figuur 2. De vier dimensies van servicemanagement

Voortdurend verbeteren is een herhaaldelijk uitgevoerde, organisatorische activiteit die op alle niveaus wordt uitgevoerd om ervoor te zorgen dat de prestaties van een organisatie voortdurend aan de verwachtingen van stakeholders voldoen.

Met al deze componenten kan de service-providers zijn dienstverlening voortdurend verbeteren. Voortdurend verbeteren is een kerncomponent van het SWS, net zoals in eerdere versies van ITIL-leidraden. Het is gebaseerd op het model voor continual improvement (Figuur 10) en wordt ondersteund door verschillende ITIL-practices.

1.1.2 Het vier dimensies model

In een holistische benadering behandelt ITIL 4 alle vier de dimensies die vereist zijn voor de effectieve en efficiënte ondersteuning van waarde voor klanten en andere stakeholders, in de vorm van producten en services. Het SWS dient vanuit alle vier dimensies te worden beschouwd:

1. Organisaties en mensen
2. Informatie en technologie
3. Partners en leveranciers
4. Waardestromen en processen

Deze vier dimensies dienen op een geïntegreerde manier te worden gemanaged, waarbij een evenwicht wordt gevonden tussen hun bijdragen aan een effectief SWS. De vier dimensies worden in hoofdstuk 3 in detail beschreven.

2 Kernbegrippen van servicemanagement

Leerresultaten:
- Begrijp de belangrijkste concepten van servicemanagement.

Beoordelingscriteria:
- Ken de definities van servicemanagement, klant, gebruiker, sponsor, service, utility, warranty.
- Beschrijf de belangrijkste concepten voor het creëren van waarde met services: kosten, waarde, organisatie, uitkomst, output, risico, utility, warranty.
- Beschrijf de belangrijkste concepten van servicerelaties: serviceaanbod, servicerelatiemanagement, servicelevering, serviceconsumptie.

Alvorens te beschrijven hoe ITIL bijdraagt aan het voortdurend verbeteren van services en het cocreëren van waarde, moeten de definities van servicemanagement en waarde duidelijk zijn.

> **Servicemanagement:** *Een reeks gespecialiseerde organisatorische vermogens om waarde voor klanten mogelijk te maken in de vorm van services.*

Het doel van een organisatie is om waarde te creëren voor haar stakeholders.

> **Waarde:** *Het ervaren voordeel, nut en belang van iets.*

Dit introduceert de volgende vragen:
- Wat is de aard van waarde?
- Wat is de aard en omvang van betrokken stakeholders?
- Hoe wordt waardecreatie mogelijk gemaakt via services?

2.1 COCREATIE VAN WAARDE

Waarde kan subjectief zijn: waarde wordt bepaald door de stakeholders.

Organisaties erkennen steeds meer dat waarde mede wordt gecreëerd door een actieve samenwerking tussen stakeholders, waaronder de service-providers en de serviceconsumenten. Elke stakeholder krijgt zijn eigen waarde in de interactie. De relatie tussen service-provider en serviceconsument levert wederzijds voordeel op. Een effectieve servicewaardeketen vereist samenwerking tussen leveranciers en consumenten.

Na vele jaren van focus op *operational excellence* is nu het tijdperk van klantgerichte *service excellence* aangebroken. Servicelevering wordt steeds meer de kern van de economie. Mensen kopen steeds minder 'zuivere' goederen, en leveranciers verpakken steeds vaker de geleverde goederen in een serviceaanbieding. De ondersteuning die bij die service hoort, heeft zich al geopenbaard als een onderscheidend criterium voor het succes van organisaties. Deze observatie heeft betrekking op zowel interne als externe services.

In de economie wordt deze verschuiving naar services aangeduid met *Service-Dominant logic* (S-D logic), als een opvolger van de *Goods-Dominant logic* (G-D logic) waarin goederenoverdracht de hoofdrol speelt. Volgens de S-D logic is service de fundamentele basis voor alle waarde-uitwisseling.[3]

---

3 Zie publicatie [Service-dominant logic 2025]

G-D logic richt zich op waardecreatie bij de overdracht van goederen (*value-in-exchange*). *S-D logic* richt zich op waardecreatie bij het gebruik van middelen (*value-in-use*), waarbij waarde wordt gecocreëerd door leveranciers en consumenten.

2.2 STAKEHOLDERS

Er zijn verschillende stakeholders (belanghebbenden) betrokken bij het cocreëren van waarde: service-providers serviceconsumenten en anderen. De ITIL 4 leidraad is van toepassing op de manier waarop *organisaties* hun bijdrage kunnen verbeteren.

> ***Organisatie:*** *Een persoon of een groep mensen die zijn eigen functies heeft, met verantwoordelijkheden, bevoegdheden en relaties om zijn doelstellingen te bereiken.*

Een organisatie kan alles zijn, van één persoon of een team, tot een complex geheel van organisatiestructuren in een netwerk.

2.2.1 Service-providers

Service-provider[4] is een rol die een organisatie in een servicerelatie vervult om services aan serviceconsumenten te leveren. Een service-provider creëert samen met de serviceconsument waarde, door services beschikbaar te maken.

Service-providers kunnen extern of intern zijn ten opzichte van de organisatie van de serviceconsument. Een interne service-provider maakt deel uit van dezelfde organisatie als de serviceconsument. Externe leveranciers bieden hun services vaak aan als een commercieel aanbod aan verschillende consumenten. Het leverancier-consumentenmodel kan

---

4 Service-provider is een synoniem van *dienstverlener*. De pocketguide hanteert de term *serviceleverancier* om het verschil met *serviceconsument* te benadrukken.

worden toegepast om complexe leverketens, servicenetwerken of service-ecosystemen te creëren.

Een service-provider dient een duidelijk inzicht te hebben in wie zijn serviceconsumenten zijn.

2.2.2 Serviceconsumenten

Bij het ontvangen van services heeft een organisatie de generieke rol van de **serviceconsument**. Serviceconsumenten werken samen met service-providers bij het cocreëren van waarde.

Voor de generieke rol van serviceconsument maakt ITIL 4 onderscheid in drie verschillende rollen: klant, gebruiker en sponsor.

> *Klant:* Een rol die de vereisten voor een service definieert en de verantwoordelijkheid neemt voor de eindresultaten van het gebruik van de service.
>
> *Gebruiker:* Een rol die services gebruikt.
>
> *Sponsor:* Een rol die kosten van de serviceconsumptie autoriseert.

Deze drie rollen kunnen in elke combinatie worden gebruikt. In elke servicerelatie is het belangrijk dat deze rollen volledig worden geïdentificeerd, omdat dit bijdraagt aan de communicatie en het management van stakeholders. Elke rol kan verschillende verwachtingen hebben van de services en de verwachte waarde daarvan.

2.2.3 Andere stakeholders

Er kunnen veel andere stakeholders zijn die een rol spelen bij waardecreatie:
- **Aandeelhouders** zijn geïnteresseerd in het succes van de organisatie, vaak in termen van financiële voordelen.

- **Medewerkers** van de service-provider kunnen geïnteresseerd zijn in andere waarden, waaronder professionele ontwikkeling, financiële compensatie en zingeving.
- De **samenleving** kan relaties hebben met de services. Dit kan betrekking hebben op goede doelen, omgevingsfactoren, werkgelegenheid, sociale impact, etc.

2.3 PRODUCTEN EN SERVICES

> *Service:* Een middel om cocreatie van waarde mogelijk te maken door eindresultaten te faciliteren die klanten willen bereiken, zonder dat de klant specifieke kosten en risico's hoeft te managen.

Services zijn gebaseerd op één of meer producten.

> *Product:* Een configuratie van de middelen van een organisatie, die is ontworpen om waarde voor een consument te bieden.

De middelen van de organisatie omvatten de vier dimensies van servicemanagement: organisaties en mensen, informatie en technologie, partners en leveranciers waardestromen en processen. De service-provider biedt toegang tot deze bronnen, zodat de serviceconsument deze op een zodanige manier kan gebruiken dat ze voor de serviceconsument van waarde zijn. Goederen kunnen als onderdeel van de service worden overgedragen aan de consument.

Producten zijn niet per definitie exclusief voor consumentengroepen: ze kunnen voor verschillende doeleinden en voor verschillende consumentengroepen worden gebruikt.

Producten zijn vaak slechts gedeeltelijk zichtbaar voor de consument.

Een netwerkvoorziening kan bijvoorbeeld deel uitmaken van het aangeboden product, maar consumenten zullen het netwerk zelf niet kunnen zien, ze kunnen het alleen voor hun eigen doeleinden *gebruiken*.

2.3.1 Serviceaanbiedingen

Een service-provider en een serviceconsument kunnen afspraken maken over de aangeboden services.

> ***Serviceaanbieding:*** *Een formele beschrijving van één of meer services, ontworpen om in de vraag van een consumentendoelgroep te voorzien.*

Een serviceaanbieding kan zijn:

- een grote verscheidenheid aan **goederen** (bijvoorbeeld een laptop) die aan een consument worden geleverd
- **toegang tot middelen** (bijvoorbeeld een netwerk of opslag, mogelijk via een laptop), verleend of in licentie gegeven aan een consument onder overeengekomen voorwaarden
- **serviceacties** (bijvoorbeeld gebruikersondersteuning), uitgevoerd om in de vraag van de consument te voorzien

Het serviceaanbod wordt vaak aan consumenten getoond in de vorm van een **servicecatalogus**.

Services worden aangeboden aan interne of externe doelgroepen van consumenten. De serviceleverancier is verantwoordelijk voor de middelen die ter beschikking van de consument worden gesteld, de goederen die worden geleverd en de serviceacties die worden uitgevoerd.

■ 2.4 SERVICERELATIES

Alle organisaties zijn zowel service-provider als serviceconsument. Een organisatie neemt de rol van leverancier of consument aan in de context van de relatie met een andere organisatie.

Bij het leveren van services neemt een organisatie de rol van service-provider aan. De leverancier kan extern zijn ten opzichte van de organisatie van de consument, of ze kunnen allebei deel uitmaken van dezelfde organisatie.

> ***Servicelevering:*** *Activiteiten die door een organisatie worden uitgevoerd om services te leveren.*

De service-provider:
- managet de **middelen** die zijn *geconfigureerd* om de service te leveren
- levert gebruikers **toegang** tot deze middelen
- voert de overeengekomen serviceacties uit (ondersteuning)

Servicelevering kan ook het leveren van goederen omvatten.

De service-provider dient ook de serviceprestaties te managen (servicelevelmanagement), en de geleverde services *voortdurend te verbeteren*, om de relatie en de ge(co)creëerde waarde te onderhouden.

De service-provider stelt de services beschikbaar aan de serviceconsument.

> ***Serviceconsumptie:*** *Activiteiten die door een organisatie worden uitgevoerd om services te consumeren.*

De consument:
- managet zijn **eigen middelen** die nodig zijn om de service te gebruiken
- voert **serviceacties** uit, inclusief het **gebruik van de middelen van de leverancier**, en verzoekt de service-provider om serviceacties uit te voeren

De consument kan ook **goederen** ontvangen (aanschaffen) die door de leverancier zijn geleverd als onderdeel van de service.

Service-providers en serviceconsumenten hebben een relatie, gebaseerd op de services die de leverancier aan de consument levert. Dit leidt tot een servicerelatie tussen leveranciers en consumenten.

> *Servicerelatie:* Een samenwerking tussen een service-provider en een serviceconsument, waaronder servicelevering, serviceverbruik en service-relatiemanagement.

Deze relatie dient te worden gemanaged.

> *Service-relatiemanagement:* Gezamenlijke activiteiten uitgevoerd door een service-provider en een serviceconsument om cocreatie van constante waarde te garanderen op basis van overeengekomen en beschikbare serviceaanbiedingen.

Deze activiteiten omvatten regelmatig overleg over de geleverde services, bespreking van nieuwe opties, voorbereiding op toekomstige vraag aanpassing van de service level agreements/contracten, etc. In business-to-consumer services vallen hier ook enquêtes en andere vormen van marktonderzoek onder.

2.4.1 Het servicerelatiemodel

De basiseenheid van één leverancier en één consument kan steeds opnieuw worden herhaald, om eindeloze ketens en netwerken van leverancier-consumentrelaties te creëren. Voor elke eenheid creëert de leverancier nieuwe middelen voor de consument of wijzigt de leverancier bestaande middelen.

In deze service-ecosystemen duidt de term leverancier op een *relatieve positie*: elke consument is op zijn beurt een leverancier wanneer die consument waarde toevoegt aan de ontvangen services en deze levert aan de volgende positie in de keten of het netwerk. Op deze manier kunnen complexe ecosystemen van relaties tussen leveranciers en consumenten worden gecreëerd (Figuur 3).

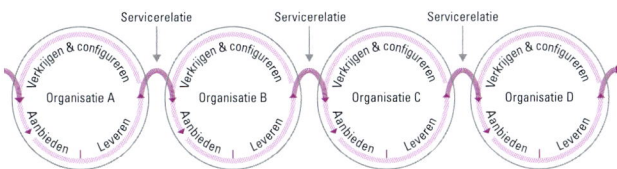

Figuur 3. Het servicerelatiemodel

■ 2.5   WAARDE

Waarde wordt gecocreëerd in een servicerelatie tussen serviceconsument en service-provider of tussen andere stakeholders die deel uitmaken van de relevante servicerelatie.

Waarde wordt alleen bereikt als relaties meer positieve dan negatieve effecten hebben. Dit is een balans tussen gewenste eindresultaten en de bijbehorende kosten en risico's.

Vanuit het perspectief van de consument vertegenwoordigt een service potentiële waarde, in termen van potentiële voordelen tegen bepaalde kosten en risico's. Aan de ene kant moet de consument deze voordelen definiëren. Voordelen kunnen verband houden met gecreëerde baten en/of verlichte lasten. Aan de andere kant moet de consument de financiële kosten van de service definiëren (kosten van de service, bijkomende risico's, enz.). Een positief saldo zal tot een servicerelatie met de service-provider leiden.

De relatie tussen de service en de gewenste eindresultaten wordt uitgedrukt in termen van *utility* en *warranty* van de service.

2.5.1 Eindresultaten

Het directe resultaat van een activiteit is een output. Dat kan in meer of mindere mate concreet, stoffelijk, tastbaar of voelbaar zijn.

> **Output**: Een materiële of immateriële uitkomst van een activiteit.

Eindresultaten zijn het gevolg van het gebruik van deze outputs (Figuur 6). De service-provider produceert outputs die de serviceconsument helpen deze eindresultaten (in het Engels: *outcome*) te bereiken.

> **Uitkomst**: Een gevolg voor een stakeholder, mogelijk gemaakt door één of meer outputs.

Voor een groot deel bepalen deze eindresultaten de werkelijke waarde voor de consument. En aangezien de waarde wordt bepaald door de consument, moeten de eindresultaten ook door de consument worden bepaald.

Service-providers dienen serieuze inspanningen te verrichten om de aard van de vraag en bedrijfskenmerken van de serviceconsument te begrijpen, om een bijdrage te kunnen leveren aan de gewenste eindresultaten voor de serviceconsument.

2.5.2 Kosten

Het cocreëren van waarde gaat vaak gepaard met een overdracht van geld van de consument naar de leverancier. Dit is inkomen voor de leverancier en kosten voor de consument.

> **Kosten**: De hoeveelheid geld die aan een specifieke activiteit of middel is uitgegeven.

Vaak zijn de kosten financieel, maar ze kunnen ook in andere termen dan geld worden uitgedrukt, bijvoorbeeld als tijd die wordt besteed of vermeden. Uiteindelijk kunnen alle kosten worden uitgedrukt in geld, zodat ze kunnen worden vergeleken en gebruikt in een business case voor de serviceconsument, waarbij *vermeden kosten* en *opgelegde kosten* worden afgewogen:

- Een service kan voor de serviceconsument **kosten vermijden**: lagere personeels-, technologie- en andere kosten, die de serviceconsument niet meer hoeft te voldoen.
- Een service kan ook **kosten opleveren** voor de serviceconsument: er kan een prijs in rekening worden gebracht door de service-provider en er zijn andere kosten zoals personeelstraining, kosten van netwerkgebruik, inkoop, enz., die bij de service horen.

2.5.3 Risico's

Een service kan ook nieuwe risico's voor de serviceconsument introduceren, door het gebruik van de service.

> *Risico:*
> 1. *Een mogelijk voorval dat schade of verlies kan veroorzaken of het moeilijker kan maken om doelen te bereiken.*
> 2. *De onzekerheid van een uitkomst die kan worden gebruikt in de context van het meten van de kans op positieve of negatieve eindresultaten.*

Vanuit klantperspectief kunnen, net als bij kosten, risico's worden vermeden en veroorzaakt. De consument dient de risico's die zijn vermeden en de risico's die zijn veroorzaakt af te wegen in de business case van de serviceaanbieding:

- Een service kan voor de consument **risico's vermijden**: het falen van de infrastructuur van de consument of het gebrek aan personeel van de consument zal worden vermeden (of beperkt) met behulp van de betrouwbaardere middelen van de service-provider
- Een service kan voor de consument ook **risico's veroorzaken**: de middelen van de provider kunnen ook falen of beveiligingslekken vertonen.

Deze risico's dienen te worden afgewogen tegen het nettoresultaat van vermeden en opgeleverde kosten. Dit vereist dat de klant *en* de leverancier de impact van de service op het bedrijfsvoering van de gebruiker eenduidig begrijpen. De consument draagt hieraan bij door duidelijk de servicevereisten en de gewenste eindresultaten ervan te formuleren, waarbij de bijbehorende kritieke succesfactoren (*critical success factors*, CSF's) en beperkingen (*constraints*) worden gedefinieerd. De service-provider en de serviceconsument werken samen bij het beheersen van risico's, waarbij hun belangen worden afgewogen.

De leverancier dient ook toegang te hebben tot de nodige middelen van de consument tijdens de servicerelatie.

2.5.4 Utility en warranty

De evaluatie van het vermogen van een service om de gewenste eindresultaten te leveren, vereist een beoordeling van de *utility* en *warranty* van de service. Beide zijn essentieel voor het creëren van waarde.

> **Utility:** *De functionaliteit die een product of service biedt om aan een specifieke vraag te voldoen.*

Utility kan worden samengevat als 'wat de service doet' en kan worden gebruikt om te bepalen of een service *fit for purpose* is. Dit vereist dat een service ofwel de bedrijfsactiviteiten van de consument ondersteunt *of* beperkingen (*constraints*) van de consument wegneemt – of beide.

> **Warranty:** *De zekerheid dat een product of service aan de overeengekomen vereisten voldoet.*

Warranty heeft betrekking op hoe de service presteert: is deze *fit for use*? Dit kan net als bij *utility* worden uitgedrukt in termen van **servicelevels** die moeten worden overeengekomen en afgestemd op de vraag van consumenten, waaronder:
- beschikbaarheid
- capaciteit
- veiligheid
- continuïteit

Van een service kan worden gezegd dat deze een aanvaardbare *warranty* biedt als aan alle gedefinieerde en overeengekomen voorwaarden is voldaan.

3 De vier dimensies van servicemanagement

Leerresultaten:
- Begrijp de vier dimensies van servicemanagement.

Beoordelingscriteria:
- Beschrijf de vier dimensies van servicemanagement: organisaties en mensen, informatie en technologie, partners en leveranciers, waardestromen en processen.

Er zijn vier dimensies vereist voor het ontwerpen en leveren van services (Figuur 4). Elk van deze vier dimensies vertegenwoordigt een *perspectief*, gebruikt voor een holistische benadering van servicemanagement:

1. organisaties en mensen
2. informatie en technologie
3. partners en leveranciers
4. waardestromen en processen

De vertegenwoordigde perspectieven zijn relevant voor het hele SWS, inclusief de servicewaardeketen en alle ITIL-practices. Een holistische benadering vereist dat alle vier de dimensies worden gebruikt in service-management-initiatieven. De dimensies kunnen enigszins overlappen: er zijn geen scherpe grenzen.

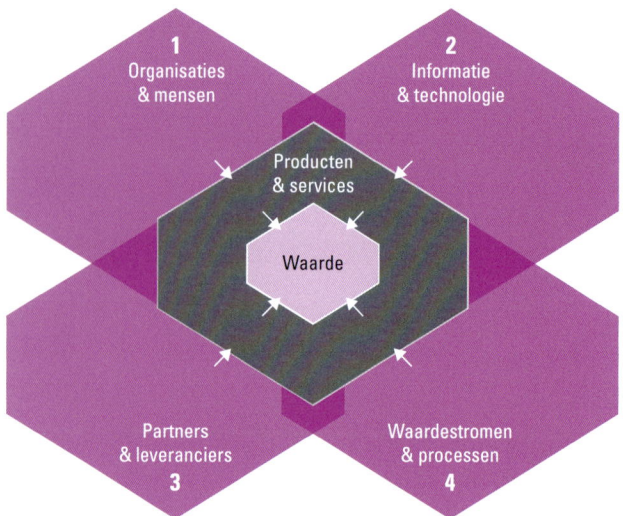

Figuur 4. Perspectieven in de vier dimensies van servicemanagement (figuur gebaseerd op ITIL 4)

■ 3.1 ORGANISATIES EN MENSEN

De dimensie 'organisaties en mensen' van een service omvat de rollen en verantwoordelijkheden, de organisatiestructuren, de cultuur en de vaardigheden en competenties van het personeel, die allemaal nodig zijn om de activiteiten van de service-provider uit te voeren.

De personele capaciteit en competentie op zich is niet voldoende. De organisatie dient ook te zorgen voor een adequate cultuur die voortdurend verbeteren in de hele organisatie mogelijk maakt. Cultuur bestrijkt verschillende perspectieven, waaronder:
- gedeelde waarden en houdingen
- leiders, die deze waarden ondersteunen en uitdragen

- communicatie tussen verschillende stakeholders
- vertrouwen en transparantie

Aspecten die in de dimensie 'organisaties en mensen' aan de orde komen, zijn onder meer:
- management- en leiderschapsstijlen
- vaardigheden en competenties
- communicatie en samenwerking
- 'T-shaped' individuen, die brede kennis combineren met een diepe specialisatie[5]
- gemeenschappelijke doelstellingen en doelen
- samenwerking met andere teams, het afbreken van muren

De dimensie 'organisaties en mensen' heeft betrekking op het SWS, ten aanzien van de volgende aspecten:
- rollen en verantwoordelijkheden
- de formele organisatiestructuur
- organisatiecultuur
- vereiste personeelsbezetting en competenties

Deze aspecten hebben betrekking op het creëren, verbeteren en leveren van services, en moeten bij het managen en verbeteren van het SWS op alle niveaus aandacht krijgen.

■ 3.2 INFORMATIE EN TECHNOLOGIE

De technologie die wordt toegepast door service-providers omvat twee typen. Ten eerste de technologie-elementen in de service, gebruikt door de

---

[5] Alternatieven zijn 'Pi-shaped' individuen die twee aansluitende expertisegebieden hebben, 'I-shaped' individuen die de brede kennis missen, en generalisten: 'Dash-shaped' individuen. [A Primer on the T-professional, 2017]

consument. In IT-services kunnen dit applicaties, netwerken, databases, cloud computing-omgevingen, enz. zijn.

De technologie omvat ook de *interne* technologische infrastructuur die nodig is om deze IT-producten te managen. Dit tweede type technologie omvat tools voor workflowmanagement, communicatiesystemen, kennisbanken, een configuration management database (CMDB) en inventarissystemen, cloudoplossingen, en nog veel meer.

> ***Cloud computing:*** *Een model voor het mogelijk maken van on-demand netwerktoegang tot een gedeelde pool van configureerbare computermiddelen, die snel kan worden geleverd met minimale managementinspanning of interactie met de provider.*

Architectuur specificeert hoe de technologie moet worden geselecteerd en ontworpen. Vaardigheden om de technologie te managen moeten beschikbaar zijn onder het personeel van de service-provider. Technologie kan ook worden beïnvloed door de cultuur of de aard van de organisatie.

De service-provider vereist ook informatie over de technologie die wordt gebruikt bij het leveren van de services. Deze informatie moet de toegepaste technologie effectief en efficiënt ondersteunen, in termen van:

- beschikbaarheid
- betrouwbaarheid
- toegankelijkheid
- tijdigheid
- nauwkeurigheid
- relevantie

Beveiligings- of nalevingsdoelen specificeren vaak de vereisten voor deze informatie.

De dimensie 'informatie en technologie' heeft betrekking op het SWS, en omvat de volgende aspecten:

- informatie en kennis
- vereiste technologieën
- relaties tussen verschillende componenten van het SWS

Organisaties dienen bij het managen en verbeteren van het SWS op alle niveaus rekening te houden met de informatie die is gecreëerd, gemanaged en gebruikt door services, alsmede met de technologieën die de services mogelijk maken en ondersteunen.

3.3 PARTNERS EN LEVERANCIERS

Service-providers werken samen met partners en leveranciers voor het ontwerpen, ontwikkelen, uitrollen, leveren, ondersteunen en / of voortdurend verbeteren van services. Deze samenwerking vereist contracten en andere overeenkomsten.

Al deze leveranciers en partners moeten worden geïntegreerd om een evenwichtige service voor de klant te creëren. Dit kan worden bereikt door service-integratie en -management.

Geïntegreerde services kunnen worden gemanaged door gebruik te maken van de rol van een **service-integrator**, om ervoor te zorgen dat servicerelaties goed worden gecoördineerd.

De rol van service-integrator kan binnen de organisatie worden gehouden, maar kan ook worden gedelegeerd aan een vertrouwde partner.

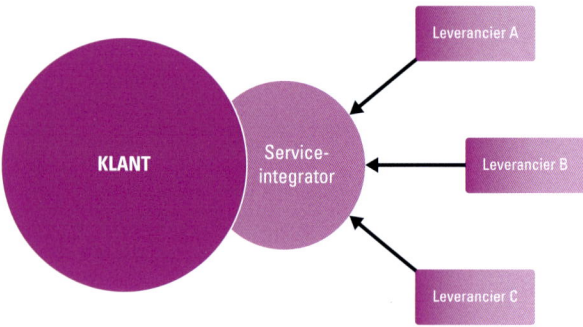

Figuur 5. Service-integratie en -management

In de sourcingstrategie kan een organisatie verschillende overwegingen toepassen op basis van de doelen, cultuur en zakelijke omgeving, waaronder:

- **Strategische focus**: pas op voor het uitbesteden van strategische middelen.
- **Bedrijfscultuur**: hoe wordt omgegaan met externe partijen en hoe kunnen externe partijen deel uitmaken van de cultuur van de organisatie.
- **Schaarste aan middelen**: sourcing kan een tekort aan interne middelen oplossen.
- **Kostenoverwegingen**: externe bronnen kunnen kosteneffectiever zijn.
- **Materiedeskundigheid**: activiteiten die niet tot kerntaken behoren, kunnen worden uitbesteed; speciale expertise kan te duur zijn om intern te onderhouden.
- **Externe beperkingen**: beleid kan de outsourcing van gespecialiseerde activiteiten zoals beveiligingstaken verbieden, of kan de organisatie juist dwingen externe middelen in te zetten.
- **Vraagpatronen**: seizoensfluctuaties of andere beperkingen kunnen aanleiding geven tot tijdelijke, externe bronnen of service-providers

Bij het relateren van de dimensie 'partners en leveranciers' aan het SWS, dienen de volgende aspecten te worden overwogen:

- relaties met andere organisaties
- contracten en overeenkomsten
- service-integratie en -management

Partners en leveranciers zijn betrokken bij verschillende fasen van services, daarom dient op alle niveaus rekening met hen te worden gehouden bij het managen en verbeteren van het SWS.

■ 3.4 WAARDESTROMEN EN PROCESSEN

De dimensie 'waardestromen en processen' definieert de activiteiten, workflows, controls en procedures, die nodig zijn om overeengekomen doelen te bereiken. Deze hebben betrekking op de vraag hoe de verschillende delen van de organisatie op een geïntegreerde en gecoördineerde manier werken aan het creëren van waarde door producten en services.

In de praktijk kan de generieke servicewaardeketen (Figuur 9) verschillende patronen volgen, die waardestromen heten.

> **Waardestroom:** Een reeks stappen die een organisatie neemt om producten en services te creëren en aan consumenten te leveren.

Waardestromen combineren de waardeketenactiviteiten van de organisatie. Ze zijn specifiek voor bepaalde situaties en doelen, maar ze kunnen allemaal voorbeelden zijn van dezelfde servicewaardeketen.

Waardestromen dienen gericht te zijn op het maximaliseren van waardetoevoegende activiteiten en het elimineren van verspilling (niet-waardetoevoegende activiteiten).

Waardestromen zijn niet alleen van toepassing op de hele organisatie van de service-provider ze zijn ook van toepassing op individuele services en producten. Voor elke service en elk product dienen de volgende vragen te worden beantwoord:
- Hoe werkt de service: hoe ziet de generieke levering er uit?
- Welke waardestromen zijn hierbij betrokken?
- Wie of wat voert de vereiste serviceacties uit?

Waardestromen kunnen worden verbeterd door middel van goed gedefinieerde processen (Figuur 6), die de productiviteit binnen en tussen organisaties faciliteren.

> ***Proces:*** *Een reeks onderling gerelateerde of interactieve activiteiten die inputs in outputs omzetten.*

Een proces definieert de volgorde van acties en hun afhankelijkheden.

Figuur 6. Een proces

Bij het relateren van de dimensie 'waardestromen en processen' aan het SWS, dienen de volgende aspecten in overweging te worden genomen:
- definieer activiteiten en werkstromen
- bepaal service-integratie en -management
- maak waardecreatie mogelijk

Deze dimensie is van toepassing op het SWS in het algemeen, maar ook op specifieke producten en services, en dient bij het managen en verbeteren van het SWS op alle niveaus te worden aangepakt.

3.5 EXTERNE FACTOREN

De vier dimensies van servicemanagement worden beïnvloed door verschillende externe factoren. Deze kunnen worden samengevat in het PESTLE-model[6]:

- **P**olitieke factoren, bijvoorbeeld veranderingen in wet- en regelgeving, handelsovereenkomsten of overheidsvoorzieningen.
- **E**conomische factoren, bijvoorbeeld rentetarieven, internationale handelsovereenkomsten of inflatie.
- **S**ociale factoren, bijvoorbeeld publieke opinie, levensstijl of demografische factoren.
- **T**echnologische factoren, bijvoorbeeld innovaties en trends in het gebruik van communicatieapparatuur.
- **L**egal (juridische) factoren, bijvoorbeeld nieuwe privacywetten.
- **E**nvironment (omgeving) factoren, bijvoorbeeld energie of afvalbeheer.

---

[6] Ook PESTEL genoemd

4 Het ITIL-servicewaarde-systeem

Leerresultaten:
- Begrijp het doel en de componenten van het ITIL-servicewaardesysteem
- Begrijp hoe de ITIL-richtinggevende principes een organisatie kunnen helpen om servicemanagement te adopteren en toe te passen.
- Begrijp de activiteiten van de servicewaardeketen en hoe ze samenhangen.

Beoordelingscriteria:
- Beschrijf het ITIL-servicewaardesysteem.
- Beschrijf de aard, het gebruik en de interactie van de ITIL-richtinggevende principes.
- Verklaar het gebruik van de zeven individuele richtinggevende principes
- Beschrijf de samenhangende aard van de servicewaardeketen en hoe deze de waardestromen ondersteunt.
- Beschrijf het doel van elke waardeketenactiviteit.
- Begrijp de rol van voortdurend verbeteren en leg het model voor continual improvement in detail uit, behalve de wijze waarop voortdurend verbeteren in de servicewaardeketen past.

■ 4.1 OVERZICHT SERVICEWAARDESYSTEEM

Het ITIL-servicewaardesysteem (SWS) beschrijft de systematische benadering van waardecreatie, gebaseerd op de samenwerking van alle componenten en activiteiten van de organisatie. Alle activiteiten, practices, teams, bevoegdheden en verantwoordelijkheden moeten worden geïntegreerd en gecoördineerd op een systematische manier, om de maximale bijdrage aan de waarde te leveren.

De belangrijkste inputs van het SWS zijn kansen en vraag. De uitkomst van het SWS is waarde. De componenten van het SWS omvatten:
- de ITIL-servicewaardeketen
- de ITIL-practices
- de ITIL-richtinggevende principes
- governance
- voortdurend verbeteren

Het SWS verbetert voortdurend haar servicewaardeketen, op basis van gevestigde practices. Governance van het SWS vindt plaats aan de hand van een reeks richtinggevende principes. Het SWS ontmoedigt eilandcultuur en stimuleert flexibiliteit. De practices in het SWS kunnen overal in het systeem worden gebruikt.

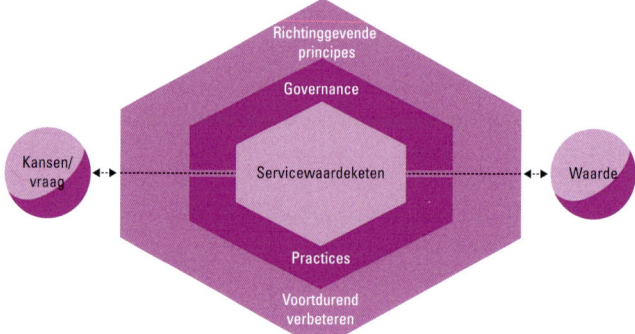

Figuur 7. Het ITIL-servicewaardesysteem (SWS)

■ 4.2 KANSEN EN VRAAG

Het SWS (Figuur 7) zet kansen en vraag om in waarde die voortdurend wordt gecocreëerd met alle stakeholders, door het gebruik en management van producten en services.

Vraag is de input voor het SWS op basis van eisen of wensen van interne en externe stakeholders t.a.v. producten en services.

Kansen vertegenwoordigen opties of mogelijkheden om waarde toe te voegen voor stakeholders, of om de organisatie anderszins te verbeteren.

■ 4.3 DE ITIL-RICHTINGGEVENDE PRINCIPES

De ITIL-richtinggevende principes zijn *aanbevelingen* – geen verplichtingen – die een organisatie onder alle omstandigheden kunnen leiden, ongeacht veranderingen in haar doelen, strategieën, soort werk of managementstructuur.

Ze zijn universeel en van toepassing op alle situaties en managementniveaus in een organisatie, waarbij meerdere methoden worden geïntegreerd in één benadering voor servicemanagement. Deze principes kunnen worden geadopteerd en aangepast aan een specifieke organisatie voor hun voortdurende verbeterinitiatieven. Organisaties zouden niet slechts één of twee van de zeven principes moeten gebruiken, maar de relevantie van elk van hen overwegen en ze samen toepassen. Niet alle principes zullen in elke situatie essentieel zijn, maar ze zouden allemaal bij elke gelegenheid moeten worden beoordeeld om te bepalen hoe geschikt ze zijn.

Er zijn zeven richtinggevende principes die deel uitmaken van het SWS:
1. **Focus op waarde**
   – Alle activiteiten van de organisatie dienen betrekking te hebben op het creëren van waarde, direct of indirect, voor de organisatie, haar klanten en haar andere stakeholders.

- Alle medewerkers dienen zich tijdens operationele activiteiten en tijdens verbeteractiviteiten te concentreren op waarde.
- Dit vereist een goed begrip van de serviceconsument en de manier waarop deze consument de service gebruikt en waarde ervaart, om de inspanningen van de organisatie op een flexibele manier in overeenstemming te brengen met de waardespecificatie.
- De klantervaring (*customer experience*, CX) en de gebruikerservaring (*user experience*, UX) spelen beide een rol bij het begrijpen van de waarde voor de consument.

2. **Begin waar je bent**
   - De organisatie dient te onderzoeken, te meten en te begrijpen wat er al is ingericht, voordat ze met verbeteractiviteiten begint.
   - De huidige toestand dient daarom zo objectief mogelijk te worden gemeten, om te bepalen wat kan worden hergebruikt en wat er nieuw moet worden ontwikkeld.

3. **Verbeter iteratief met feedback**
   - Verbeteringen dienen een Agile benadering te volgen, met iteratieve, kleine stappen en time-boxing, voor snellere reactie op de vraag van stakeholders.
   - Feedbackloops maken een deel van de output beschikbaar als input voor nieuwe verbeteringen, en stimuleren het inzicht van medewerkers in hun bijdrage aan waardecreatie.
   - Kleinere stappen stimuleren eerdere detectie van storingen en een algehele kwaliteitsverbetering.
   - De uitkomst van elke iteratie dient een *minimum levensvatbaar product* (*minimum viable product*, MVP) te zijn: een product met net voldoende functies om de eerste klanten tevreden te stellen en feedback te geven voor toekomstige productontwikkeling.

4. **Werk samen en bevorder zichtbaarheid**
   - Langdurig succes wordt gestimuleerd door samenwerking tussen alle stakeholders.

- De bijdrage van elke stakeholder aan waardecreatie dient duidelijk zichtbaar te zijn, zodat stakeholders de rollen van andere stakeholders begrijpen.
- Workflows en voortgang, inclusief de voorraad nog uit te voeren werk, dienen transparant te worden gemaakt voor relevante stakeholders (bijvoorbeeld met behulp van Kanban-borden).
- Samenwerking is effectiever, als communicatie – vooral over beslissingen – zichtbaar is voor alle relevante stakeholders.
- Het opbouwen van vertrouwen en het verwijderen van 'eilanden' is essentieel voor het opbouwen van samenwerking tussen alle stakeholders.

5. **Denk en werk holistisch**
   - Een holistische aanpak vereist inzicht in de rol van alle vier dimensies van servicemanagement in het SWS, waarbij op een geïntegreerde manier wordt samengewerkt.
   - Holistisch werken vereist samenwerking tussen stakeholders.

6. **Houd het eenvoudig en praktisch**
   - Het aantal stappen dat vereist is om beoogde eindresultaten te realiseren, dient tot een minimum te worden beperkt.
   - Oplossingen dienen in het begin eenvoudig en praktisch te zijn en alleen complexiteit toe te voegen als daar goede redenen voor zijn. Vermijd het focussen op uitzonderingen.
   - Als een component geen waarde oplevert of niet bijdraagt aan een nuttig resultaat, verwijder het dan.
   - Eenvoud stimuleert het gebruiksgemak en kan *quick wins* opleveren.
   - Pas dit principe toe op processen, services, acties, activiteiten en metrics.

7. **Optimaliseren en automatiseren**
   - Alles dient alleen zo effectief en efficiënt mogelijk worden gemaakt als zinvol is.
   - Automatiseer frequente en repetitieve taken, om effectiviteit en efficiëntie te stimuleren, maar pas nadat deze zijn geoptimaliseerd.

- Standaardisatie ondersteunt automatisering.
- Pas alle voorgaande principes toe bij het bepalen van optimale oplossingen.

Agile manieren van werken zijn gericht op het leveren van kleine, incrementele verbeteringen, geleverd door kleine teams. Het is een flexibele en adaptieve aanpak die snelle verandering van IT-services met time-boxing ondersteunt. Agile manieren van werken geven de ontwikkelingsteams autonomie en stellen hen in staat zich te organiseren. Om effectief te zijn, kunnen Agile teams ITIL-principes en -practices toepassen, net als andere teams.

DevOps is een aanpak voor het organiseren van teams die software leveren aan productieomgevingen, in een nauwe samenwerking tussen vertegenwoordigers van de business, ontwikkeling en operatie. DevOps past Agile manieren van werken toe met een focus op de communicatie met alle betrokken stakeholders.

ITIL, DevOps en **Agile** kunnen geweldige bondgenoten zijn. De ITIL-richtinggevende principes en de Agile-principes kunnen worden gecombineerd in een effectieve en moderne benadering voor het leveren van flexibele IT-producten en -services in een nauwe relatie met de betrokken stakeholders.

■ 4.4 GOVERNANCE

Organisatorische governance[7] evalueert, stuurt en bewaakt alle activiteiten van de organisatie, inclusief die van servicemanagement (Figuur 8).

De richtinggevende principes van ITIL 4 en voortdurend verbeteren kunnen worden gebruikt als middel om de eigen governance-principes van de organisatie te bepalen. Het governance-orgaan dient ervoor te zorgen

---

7   Governance ('besturen en beheersen, toezicht houden') verschilt van management ('aansturing'). Een governance-orgaan is bijvoorbeeld een Raad van Bestuur of een Raad van Toezicht.

dat de servicewaardeketen en de practices in overeenstemming zijn met de governance-aanwijzingen en dat het governance-orgaan het volledige SWS overziet in haar voortdurende verbeterinitiatieven.

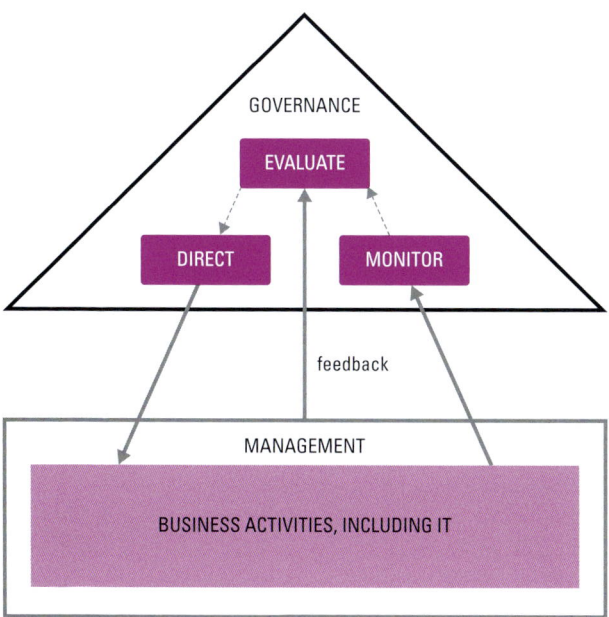

Figuur 8. Governance (conform ISO 38500)

■ 4.5 SERVICE-WAARDEKETEN

De servicewaardeketen is het centrale deel van het SWS (Figuur 7). Het is een managementmodel dat de belangrijkste activiteiten voor het managen van producten en services schetst. Het speelt in op kansen en vraag en draagt bij aan het creëren van waarde. De details van de servicewaarOpleveren zijn weergegeven in Figuur 9.

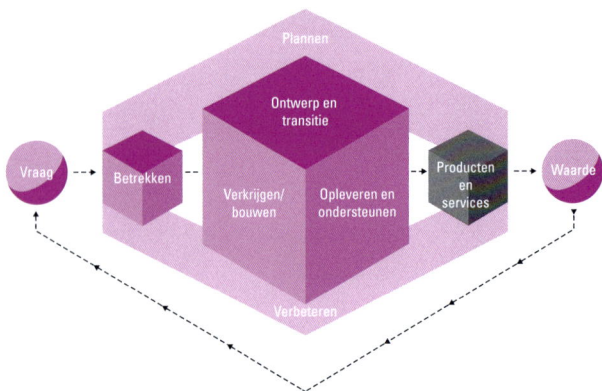

Figuur 9. De ITIL-servicewaardeketen

De ITIL-servicewaardeketen omvat zes activiteiten, die de stappen vertegenwoordigen die een organisatie neemt bij het creëren van waarde:

1. **Plannen** – op elk niveau van de servicewaardeketen en voor alle vier de dimensies en alle producten en services in de hele organisatie.
2. **Verbeteren** – op elk niveau van de servicewaardeketen en voor alle vier de dimensies en alle producten en services in de hele organisatie.
3. **Betrekken** – van alle betrokken stakeholders (consumenten en andere stakeholders).
4. **Ontwerp en transitie** – van producten en services, zodanig dat deze voortdurend voldoen aan de verwachtingen van stakeholders.
5. **Verkrijgen/bouwen** – zorgen dat servicecomponenten beschikbaar zijn waar en wanneer ze nodig zijn en voldoen aan de overeengekomen specificaties.
6. **Opleveren en ondersteunen** – van services, volgens afgesproken specificaties en verwachtingen van stakeholders.

Vraag **triggert** de levering van producten en services, en – op hun beurt – waarde. Producten en services, en – op hun beurt – waarde, zijn outputs van de servicewaardeketen. Ze maken geen deel uit ván de servicewaardeketen. De relatie tussen waarde en vraag illustreert ook een feed-back-lus.

De activiteiten van de servicewaardeketen gebruiken combinaties van ITIL-practices om hun inputs om te zetten in outputs, wat bijdraagt aan het creëren van waarde. Ze kunnen interne of externe middelen, processen, vaardigheden of competenties uit elke combinatie van practices gebruiken. Bijvoorbeeld, *Betrekken* kan gebruik maken van de practices *leveranciersmanagement, servicedesk, relatiemanagement* en *servicerequestmanagement* om te reageren op kansen en vraag.

ITIL-practices zijn niet beperkt tot specifieke activiteiten van de servicewaardeketen, ze kunnen op elk moment door alle activiteiten worden gebruikt.

4.5.1 Plannen

De waardeketenactiviteit *Plannen* is van toepassing op alle niveaus van de servicewaardeketen van de organisatie.
Het **doel** van *Plannen* is te zorgen voor een breed gedeeld begrip van de visie, status en verbeterrichting in alle vier de dimensies (Figuur 2) en alle producten en services, voor de cocreatie van waarde.

Belangrijke **input** voor *Plannen* is:
- prestatie-informatie over de waardeketen, verbeterinitiatieven, statusrapporten en plannen, verstrekt door *Verbeteren*
- beleid, vereisten en beperkingen (*constraints*) van het governanceorgaan
- geconsolideerde vraag en kansen, en kennis en informatie over servicecomponenten van derden, geleverd door *Betrekken*
- kennis en informatie over nieuwe en gewijzigde producten en services van *Ontwerp en transitie* en van *Verkrijgen/bouwen*

Belangrijke **output** van *Plannen* is:
- verbetermogelijkheden voor *Verbeteren*
- strategische, tactische en operationele plannen voor alle activiteiten van de servicewaardeketen
- contract- en overeenkomstvereisten en een product- en servicesportfolio voor *Betrekken*
- architecturen, beleid en portfoliobesluiten voor *Ontwerp en transitie*

4.5.2 Verbeteren

De waardeketenactiviteit *Verbeteren* is van toepassing op alle niveaus van de servicewaardeketen van de organisatie.
Het **doel** is om voortdurende verbetering van producten, services en practices te bewerkstelligen voor alle waardeketenactiviteiten en de vier dimensies van servicemanagement.

De waardeketenactiviteit *Verbeteren* gebruikt **input** van alle waardeketenactiviteiten en andere componenten:
- architecturen, beleid, portfoliobeslissingen en strategische, tactische en operationele plannen, verstrekt door *Plannen*
- kennis en informatie over servicecomponenten van derden en feedback van stakeholders, verstrekt door *Betrekken*
- kennis en informatie over nieuwe en gewijzigde producten en services, van *Ontwerp en transitie* en van *Verkrijgen/bouwen*
- informatie over producten en serviceprestaties, geleverd door *Opleveren en ondersteunen*
- prestatie-informatie en verbetermogelijkheden die worden geboden door alle activiteiten van de servicewaardeketen

Belangrijke **output** van *Verbeteren* is:
- informatie over waardeketenprestaties voor *Plannen* en voor het governance-orgaan

- verbeterinitiatieven, plannen en verbeterstatusrapporten voor alle activiteiten in de servicewaardeketen
- contract- en overeenkomstvereisten, voor *Betrekken*
- serviceprestatie-informatie voor *Ontwerp en transitie*

ITIL 4 ondersteunt voortdurend verbeteren met het model voor continual improvement van ITIL (Figuur 10).

4.5.3 Betrekken

De waardeketenactiviteit *Betrekken* is de interface met alle stakeholders in de servicewaardeketen.

Het **doel** is een goed inzicht te bieden in hun vraag transparantie te bieden, en voortdurend in gesprek blijven met alle stakeholders voor goede relaties.

Belangrijke **input** voor *Betrekken* is:
- interacties met interne en externe *klanten*:
  - een indruk van de *vraag* naar services en producten
  - gedetailleerde *vereisten* voor services en producten
  - marketingmogelijkheden
  - verzoeken en feedback
- interacties met *gebruikers*:
  - incidenten, service requests en feedback
- interacties met *partners* en *leveranciers:*
  - samenwerkingsmogelijkheden en feedback
  - kennis en informatie over componenten van derden
- architecturen, beleid, portfoliobeslissingen en strategische, tactische en operationele plannen, verstrekt door *Plannen*
- verbeterinitiatieven, plannen en statusrapporten, van *Verbeteren*
- kennis en informatie over nieuwe en gewijzigde producten en services, van *Ontwerp en transitie* en rechtstreeks van *Verkrijgen/bouwen*

- product- en serviceprestatie-informatie en informatie over de voltooiing van gebruikersondersteuningstaken, van *Opleveren en ondersteunen*
- contract- en overeenkomstvereisten voor alle activiteiten in de servicewaardeketen

Belangrijke **output** van *Betrekken* is:
- serviceprestatierapporten voor klanten
- geconsolideerde behoeften en kansen, voor *Plannen*
- verbetermogelijkheden en feedback van stakeholders, voor *Verbeteren*
- change requests of projectaanvragen voor *Verkrijgen/bouwen*
- product- en servicevereisten, voor *Ontwerp en transitie*
- gebruikersondersteuningstaken, voor *Opleveren en ondersteunen*
- contracten en overeenkomsten met alle leveranciers en partners, en kennis en informatie over servicecomponenten van derden voor alle activiteiten in de servicewaardeketen

4.5.4 Ontwerp en transitie

De waardeketenactiviteit *Ontwerp en transitie* houdt zich bezig met het ontwerpen en herontwerpen van producten en services, zodat ze kunnen worden gebruikt in een productieomgeving.
Het **doel** is ervoor te zorgen dat producten en services voortdurend voldoen aan de verwachtingen van stakeholders ten aanzien van kwaliteit, kosten en doorlooptijd.

Belangrijke **input** voor *Ontwerp en transitie* is:
- architecturen, beleid, portfoliobeslissingen en strategische, tactische en operationele plannen, verstrekt door *Plannen*
- verbeterinitiatieven, plannen en statusrapporten, geleverd door *Verbeteren*
- product- en servicevereisten, contracten en overeenkomsten met externe en interne leveranciers en partners, en kennis en informatie over servicecomponenten van derden, geleverd door *Betrekken*

- servicecomponenten en kennis en informatie over nieuwe en gewijzigde producten en services, van *Verkrijgen/bouwen*
- Informatie over serviceprestaties, geleverd door *Opleveren en ondersteunen*

Belangrijke **output** van *Ontwerp en transitie* is:
- prestatie-informatie en verbetermogelijkheden, voor *Verbeteren*
- contract- en overeenkomstvereisten, voor *Betrekken*
- eisen en specificaties, voor *Verkrijgen/bouwen*
- nieuwe en gewijzigde producten en services, voor *Opleveren en ondersteunen*
- kennis en informatie over nieuwe en gewijzigde producten en services, voor alle activiteiten in de servicewaardeketen

4.5.5 Verkrijgen/bouwen

De waardeketenactiviteit *Verkrijgen/bouwen* bouwt en/of verkrijgt de componenten voor de producten en services.
Het **doel** is om ervoor te zorgen dat deze componenten beschikbaar zijn waar en wanneer ze nodig zijn en aan de overeengekomen specificaties voldoen.

Belangrijke **input** voor *Verkrijgen/bouwen* is:
- goederen en services die worden geleverd door externe en interne *leveranciers* en *partners*
- architecturen, beleid, portfoliobeslissingen en strategische, tactische en operationele plannen, verstrekt door *Plannen*
- verbeterinitiatieven en -plannen en statusrapporten, geleverd door *Verbeteren*
- contracten en overeenkomsten met externe en interne leveranciers en partners, change requests of projectaanvragen en kennis en informatie over servicecomponenten van derden, verstrekt door *Betrekken*
- eisen en specificaties, en kennis en informatie over nieuwe en gewijzigde producten en services, geleverd door *Ontwerp en transitie*
- change requests, geleverd door *Opleveren en ondersteunen*

Belangrijke **output** van *Verkrijgen/bouwen* is:
- prestatie-informatie en verbetermogelijkheden, voor *Verbeteren*
- contract- en overeenkomstvereisten, voor *Betrekken*
- servicecomponenten, voor *Ontwerp en transitie* of rechtstreeks naar *Opleveren en ondersteunen*
- kennis en informatie over nieuwe en gewijzigde servicecomponenten, voor alle activiteiten in de servicewaardeketen

4.5.6 Opleveren en ondersteunen

De waardeketenactiviteit *Opleveren en ondersteunen* managet de operationele omgeving, waar de producten en services beschikbaar worden gemaakt voor de klanten.
Het **doel** ervan is ervoor te zorgen dat services worden geleverd en ondersteund volgens overeengekomen specificaties en verwachtingen van stakeholders.

Belangrijke **input** voor *Opleveren en ondersteunen* is:
- verbeterinitiatieven en statusrapporten, voor *Verbeteren*
- kennis en informatie over servicecomponenten van derden en gebruikersondersteuningstaken, geleverd door *Betrekken*
- servicecomponenten, geleverd door *Verkrijgen/bouwen*
- nieuwe en gewijzigde producten en services geleverd door *Ontwerp en transitie*
- kennis en informatie over nieuwe en gewijzigde services of servicecomponenten, van *Verkrijgen/bouwen* of van *Ontwerp en transitie*

Belangrijke **output** van *Opleveren en ondersteunen* is:
- services die aan *klanten* en *gebruikers* worden geleverd
- verbetermogelijkheden, voor *Verbeteren*
- product- en serviceprestatie-informatie, voor *Verbeteren*, voor *Betrekken* en voor *Ontwerp en transitie*

- contract- en overeenkomstvereisten, en informatie over het voltooien van gebruikersondersteuningstaken, voor *Betrekken*
- change requests, voor *Verkrijgen/bouwen* of *Ontwerp en transitie*

4.6 WAARDESTROMEN EN DE SERVICEWAARDEKETEN

In de servicewaardeketen kunnen veel verschillende waardestromen worden gerealiseerd, als een reeks stappen die een organisatie neemt bij het creëren van waarde. Elke stap transformeert input in output. Een waardestroom kan worden samengesteld uit een willekeurige reeks van activiteiten van de servicewaardeketen, in elke volgorde en in elke iteratie van activiteiten.

Betrekken kan *Opleveren en ondersteunen* activeren (bijvoorbeeld voor ondersteuningstaken) en vervolgens terugkeren naar *Betrekken* voor follow-up (bijvoorbeeld met informatie over de voltooiing van gebruikersondersteuningstaken). *Betrekken* kan ook *Verkrijgen/bouwen* activeren (bijvoorbeeld voor change requests of projectaanvragen), gevolgd door *Opleveren en ondersteunen* (bijvoorbeeld voor het bewerken van servicecomponenten), en vervolgens terug naar opnieuw *Verkrijgen/bouwen* (bijvoorbeeld met een aanvullend change request).

Op deze manier kan een breed scala aan waardestromen worden gecreëerd om de producten en services en hun ondersteuning aan te passen aan de eisen van de klant, waardoor waarde wordt gecreëerd. Elk van deze waardestromen kan worden ondersteund door ITIL-practices, voor een specifiek scenario. De input en output kan specifiek zijn voor dit scenario.

4.7 VOORTDUREND VERBETEREN

Voortdurend verbeteren vindt plaats in de hele organisatie en het SWS. Het is van toepassing op alle componenten van de servicewaardeketen en op alle relaties met stakeholders. Voortdurend verbeteren kan op elk moment worden geactiveerd door een individu of een stakeholder.

Voortdurend verbeteren wordt ondersteund door:
1. het model voor continual improvement van ITIL (Figuur 10), waarmee organisaties een gestructureerde aanpak krijgen voor het implementeren van verbeteringen
2. de activiteit *Verbeteren* in de servicewaardeketens (par. 4.5.2), waarmee voortdurend verbeteren in de waardeketen is verankerd
3. de practice *Voortdurend verbeteren* (par. 5.1.14), die organisaties ondersteunt bij hun dagelijkse verbeterinspanningen

Het generieke doel: het ondersteunen van voortdurende verbetering op alle niveaus.

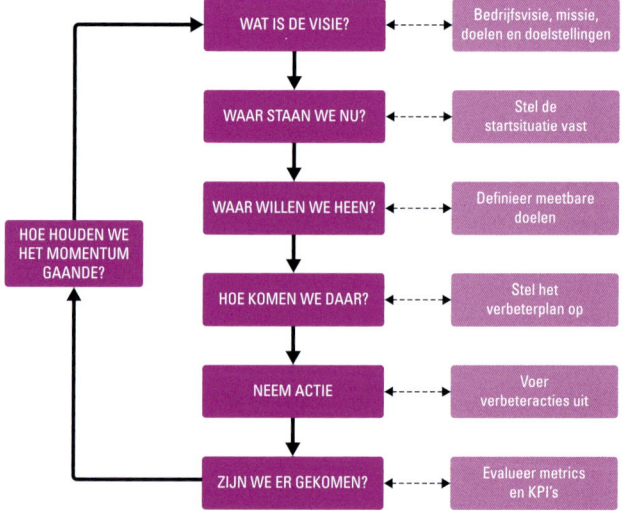

Figuur 10. Het model voor continual improvement van ITIL

Het model voor continual improvement van ITIL ondersteunt een iteratieve aanpak, gericht op klantwaarde. Het is gekoppeld aan de visie van de organisatie. Het model is niet dwingend voorgeschreven als lineair model: stappen kunnen herhaaldelijk worden genomen totdat ze het gewenste resultaat opleveren. Logica en gezond verstand dienen altijd de overhand te hebben bij het gebruik van het model voor continual improvement.

■ 4.8 PRACTICES

Practices zijn sets van organisatorische middelen die zijn ontworpen voor het uitvoeren van werkzaamheden of het bereiken van een doelstelling. Ze kunnen worden gebruikt om de activiteiten in de servicewaardeketen te ondersteunen. Hoofdstuk 5 beschrijft hoe 34 ITIL-practices zijn gegroepeerd in drie categorieën:
- 14 algemene management-practices
- 17 servicemanagement-practices
- 3 technische management-practices

5 ITIL-practices

Leerresultaten:
- Ken het doel en de kernbegrippen van 15 ITIL-practices.
- Begrijp zeven van deze 15 ITIL-practices.

Beoordelingscriteria:
- Ken het **doel** van 15 ITIL-practices: change enablement, incidentmanagement, informatiebeveiligingsmanagement, monitoring en eventmanagement, problemmanagement, relatiemanagement, releasemanagement, serviceconfiguratiemanagement, servicedesk, servicelevelmanagement, servicerequestmanagement, leveranciersmanagement, uitrolmanagement, voortdurend verbeteren.
- Ken de **definities** van de volgende ITIL-termen: change, configuratie-item (CI), event, incident, IT-asset, known error, problem.
- Leg de volgende zeven ITIL-practices **in detail** uit, met uitzondering van hoe ze binnen de servicewaardeketen passen: change enablement, incidentmanagement, problemmanagement, servicedesk, servicelevelmanagement, servicerequestmanagement, en voortdurend verbeteren inclusief het model voor continual improvement.

ITIL 4 definieert een set van 34 practices die kunnen worden gebruikt om alle activiteiten van de servicewaardeketen te ondersteunen[8], ten behoeve van de waardestromen.

Een ITIL-practice is een set van organisatorische middelen die zijn ontworpen voor het uitvoeren van werkzaamheden of het bereiken van een doelstelling.

De middelen van een practice zijn gebaseerd op de vier dimensies van servicemanagement (Figuur 2). Een practice kan bijdragen aan elke activiteit van de servicewaardeketen: een practice is niet uniek gekoppeld aan een specifieke activiteit.

Deze 34 practices zijn onderverdeeld in drie categorieën.

Er zijn 14 algemene management-practices:
1. architectuurmanagement
2. financieel management van services
3. informatiebeveiligingsmanagement
4. kennismanagement
5. leveranciersmanagement
6. meting en rapportage
7. organisatieverandermanagement
8. personeels- en talentmanagement
9. portfoliomanagement
10. projectmanagement
11. relatiemanagement
12. risicomanagement
13. strategiemanagement
14. voortdurend verbeteren

---

8 Hoofdstuk 7 beschrijft de verschillen met de indeling van practices/processen in ITIL v3.

5 ITIL-practices

Er zijn 17 servicemanagement-practices die specifiek zijn voor het domein servicemanagement:
1. bedrijfsanalyse
2. beschikbaarheidsmanagement
3. capaciteits- en prestatiemanagement
4. change enablement
5. incidentmanagement
6. IT-assetmanagement
7. monitoring en eventmanagement
8. problemmanagement
9. releasemanagement
10. servicecatalogusmanagement
11. serviceconfiguratiemanagement
12. servicecontinuïteitsmanagement
13. servicedesk
14. servicelevelmanagement
15. serviceontwerp
16. servicerequestmanagement
17. servicevalidatie en testen

Er zijn drie technische management-practices die zijn verheven van een technologie-gerichte functie tot een breder toepasbare practice:
1. infrastructuur- en platformmanagement
2. softwareontwikkeling en –management
3. uitrolmanagement

Deze categorieën worden gebruikt om de practices te ordenen, op basis van hun herkomst, maar de practices zelf dienen te worden gebruikt in elke combinatie die past binnen de servicemanagementstrategie van de organisatie.

Dp practices worden gepresenteerd in alfabetische volgorde, om te benadrukken dat er geen logische volgorde is in het toepassen van de practices; ze kunnen in elke volgorde en in elke combinatie worden gebruikt.

■ 5.1 ALGEMENE MANAGEMENT-PRACTICES

Algemene management-practices zijn overgenomen uit het algemene bedrijfsmanagementdomein, om te worden toegepast in het domein servicemanagement.

Het ITIL 4 Foundation-examen vereist dat kandidaten het **doel** kennen van de volgende vier algemene management-practices (*in alfabetische volgorde gepresenteerd*):
- informatiebeveiligingsmanagement
- leveranciersmanagement
- relatiemanagement
- voortdurend verbeteren

De resterende 10 algemene managementpractices worden niet geëxamineerd.

Kandidaten moeten ook één algemene management-practice **in detail** kunnen uitleggen, met uitzondering van hoe deze past binnen de servicewaardeketen:
- Voortdurend verbeteren, inclusief het model voor continual improvement (Figuur 10)

5.1.1 Architectuurmanagement

> Het **doel** van de practice *architectuurmanagement* is om inzicht te verschaffen in alle verschillende elementen waar een organisatie uit bestaat en hoe die elementen met elkaar samenhangen, waardoor de organisatie haar huidige en toekomstige doelstellingen effectief kan bereiken.

De practice biedt de principes, normen en hulpmiddelen die een organisatie in staat stellen om complexe veranderingen op een gestructureerde en Agile manier te managen.

Een complete *architectuurmanagement*-practice dient betrekking te hebben op alle architectuurdomeinen:
- business-architectuur
- service-architectuur
- architectuur van informatiesystemen, inclusief data- en applicatie-architecturen
- technologiearchitectuur
- omgevingsarchitectuur

De practice heeft in de servicewaardeketen een hoge interactie met de activiteiten *Plannen*, *Verbeteren*, *Ontwerp en transitie* en een matige interactie met *Betrekken*, *Verkrijgen/bouwen* en *Opleveren en ondersteunen*.

5.1.2 Financieel management van services

> Het **doel** van de practice *financieel management van services* is om de strategieën en plannen van de organisatie voor servicemanagement te ondersteunen, door ervoor te zorgen dat de financiële middelen en investeringen van de organisatie effectief worden gebruikt.

De practice *financieel management van services* is verantwoordelijk voor het managen van budgettering, kostenberekening, accounting en doorbelasting van een organisatie, en is een gemeenschappelijke taal om met stakeholders te communiceren.

De practice *financieel management van services* heeft in de servicewaardeketen een hoge interactie met de activiteit *Plannen* en een matige interactie met de andere vijf activiteiten.

5.1.3 Informatiebeveiligingsmanagement

Het **doel** van de practice *informatiebeveiligingsmanagement* is om de informatie te beschermen die de organisatie nodig heeft om haar activiteiten uit te voeren.

De practice *informatiebeveiligingsmanagement* richt zich op het omgaan met de risico's voor kernaspecten van informatiebeveiliging, waaronder:
- vertrouwelijkheid
- integriteit
- beschikbaarheid
- authenticatie
- onweerlegbaarheid

Informatiebeveiligingsmanagement dient te worden afgewogen tussen **preventie**, **detectie** en **correctie**, met behulp van beperkingen, maar toch rekening houdend met innovatie en afgestemd op de risicobereidheid (*risk appetite*) van de organisatie.

Informatiebeveiligingsmanagement heeft interactie met alle andere practices en is kritisch afhankelijk van het gedrag van mensen in de hele organisatie.

Net als bij de *voortdurend verbeteren*-practice, heeft *informatiebeveiligingsmanagement* een sterke wisselwerking met alle activiteiten van de servicewaardeketen.

5.1.4 Kennismanagement

Het **doel** van de practice *kennismanagement* is om het effectieve, efficiënte en handige gebruik van informatie en kennis in de hele organisatie te onderhouden en te verbeteren.

Kennismanagement ondersteunt een gestructureerde aanpak voor het definiëren, bouwen, hergebruiken en delen van kennis in verschillende vormen. Kennis is meer dan alleen informatie of gegevens opslaan. Het gaat er om ervoor te zorgen dat de vereiste informatie, vaardigheden, practices en oplossingen in hun context worden gebruikt. Kennis is één van de meest waardevolle bezittingen van een organisatie.

De practice *kennismanagement* heeft in de servicewaardeketen een hoge interactie met de activiteiten *Verbeteren* en *Opleveren en ondersteunen,* en een matige interactie met *Plannen, Betrekken, Verkrijgen/bouwen* en *Ontwerp en transitie.*

5.1.5 Leveranciersmanagement

Het **doel** van de practice *leveranciersmanagement* is ervoor te zorgen dat de leveranciers van de organisatie en hun prestaties op de juiste manier worden gemanaged om naadloze levering van kwaliteitsproducten en -services te ondersteunen.

Deze practice omvat het creëren van nauwere relaties op basis van meer samenwerking met belangrijke leveranciers om nieuwe waarden te ontsluiten en te realiseren en faalkansen te beperken, ondersteund door:
- **communicatie**: één aanspreekpunt voor contact en controle creëren
- een **leveranciersstrategie** (sourcingstrategie) met beleid en managementinformatie
- **overeenkomsten** met interne en externe leveranciers
- het managen van **leveranciersprestatie**

Een sourcingstrategie kan verschillende leveranciersrelaties omvatten, waaronder:
- insourcing
- outsourcing (uitbesteding)
- single source, of partnerschap (met één leverancier of met een service integrator)
- multi-sourcing

Leveranciers dienen te worden beoordeeld en geselecteerd op basis van het belang en de impact van de services van die leverancier en de bijbehorende risico's en kosten.

Paragraaf 3.3 en Figuur 5 beschrijven de rol van de **service-integrator**, die verantwoordelijk is voor het coördineren en orkestreren van alle leveranciers die betrokken zijn bij het servicemanagement van de organisatie.

Van de vier dimensies van servicemanagement (Figuur 4) heeft *leveranciersmanagement* vooral invloed op de dimensie Partners en leveranciers.

De practice *leveranciersmanagement* heeft in de servicewaardeketen een hoge interactie met de activiteiten: *Plannen, Betrekken, Verkrijgen/bouwen, Ontwerp en transitie, Opleveren en ondersteunen* en een matige interactie met *Verbeteren*.

5.1.6 Meting en rapportage

> Het **doel** van de practice *meting en rapportage* is om goede besluitvorming en voortdurend verbeteren te ondersteunen door het niveau van onzekerheid te verlagen.

Dit wordt bereikt door het verzamelen van relevante metrics over verschillende gemanagede objecten en de gevalideerde beoordeling van deze gegevens in een geschikte context. Gemanagede objecten omvatten, maar zijn niet beperkt tot, producten en services, practices en activiteiten in de servicewaardeketen, teams en individuen, leveranciers en partners, en de organisatie als geheel.

Meettechnieken omvatten de definitie van kritieke succesfactoren (*critical success factors*, CSF's) en de bijbehorende belangrijke prestatie-indicatoren (*key performance indicators*, KPI's).

> **Kritieke succesfactor:** *Een noodzakelijke voorwaarde voor het bereiken van de beoogde resultaten.*

> **Belangrijke prestatie-indicator:** *Een belangrijke metric die wordt gebruikt om het succes van het behalen van een doelstelling te evalueren.*

Rapporten en dashboards dienen te worden beperkt tot relevante inhoud, ter ondersteuning van een goede besluitvorming.

De practice *meting en rapportage* heeft in de servicewaardeketen een hoge interactie met de activiteiten *Plannen*, *Verbeteren*, *Verkrijgen/bouwen* en *Ontwerp en transitie* en een matige interactie met *Betrekken* en *Opleveren en ondersteunen*.

5.1.7 Organisatieverandermanagement

> Het **doel** van de practice organisatieverandermanagement is ervoor te zorgen dat veranderingen in een organisatie soepel en met succes worden geïmplementeerd en dat blijvende voordelen worden behaald door de menselijke aspecten van de veranderingen te managen.

Organisatieverandermanagement richt zich op de acceptatie en ondersteuning van veranderingen in organisatorische aspecten, door elk betrokken individu. Het behandelt weerstand tegen verandering door het verwijderen van obstakels en het stimuleren van acceptatie door middel van training en bewustzijn. Om succesvol te zijn, vereist het:

- **duidelijke en relevante doelstellingen**, die zinvol zijn voor alle stakeholders en een gevoel van urgentie creëren
- **sterk en betrokken leiderschap**, door de actief getoonde steun van sponsors en leiders
- **bereidwillige en goed voorbereide deelnemers**, die begrijpen waarom de verandering nodig is en hoe zij daaraan bijdragen

- **duurzame verbetering**, het voorkomen van terugval door de voortdurende versterking van de waarde van de verandering

Mensen zijn essentieel voor het succes van veranderingen.

De practice *organisatieverandermanagement* heeft in de servicewaardeketen een hoge interactie met de activiteit *Verbeteren*, een matige interactie met de activiteiten *Plannen*, *Betrekken* en *Ontwerp en transitie* en een lage interactie met *Verkrijgen/bouwen* en *Opleveren en ondersteunen*.

5.1.8 Personeels- en talentmanagement

> Het **doel** van de practice *personeels- en talentmanagement* is ervoor te zorgen dat de organisatie de juiste mensen heeft met de juiste vaardigheden en kennis en in de juiste rollen, om haar bedrijfsdoelstellingen te ondersteunen.

De practice richt zich op het management van werknemers en personele hulpbronnen, inclusief planning, werving, indiensttreding (*onboarding*), leren en ontwikkeling, prestatiemeting en het plannen van carrièrepaden. Om de digitalisering van organisaties in moderne economieën te ondersteunen wordt het steeds belangrijker om het juiste talent beschikbaar te hebben, op het juiste moment en op de juiste plaats.

> *Organisatiesnelheid: De snelheid, effectiviteit en efficiëntie waarmee een organisatie werkt.*

De snelheid van de organisatie beïnvloedt de time-to-market, kwaliteit, veiligheid, kosten en risico's. De leiders en managers op elk niveau in de hele organisatie dienen verantwoordelijk te zijn voor het managen van personeel en talent, en hun competenties, vaardigheden, kunde, kennis en houding.

> **Competenties:** De combinatie van waarneembare en meetbare kennis, vaardigheden, kundes en houdingen die bijdragen aan verbeterde prestaties van medewerkers en uiteindelijk resulteren in succes van de organisatie.

> **Vaardigheden:** Een ontwikkelde kunde of behendigheid in denkkracht, verbale communicatie of fysieke actie.

> **Kunde:** Het vermogen of de geschiktheid om fysieke of mentale activiteiten uit te voeren die verband houden met een beroep of bedrijf.

> **Kennis:** Het vermogen van een persoon om feiten of informatie te begrijpen, verkregen door ervaring of opleiding; het theoretische of praktische begrip van een onderwerp.

> **Houding:** Een reeks emoties, overtuigingen en gedragingen ten opzichte van een bepaald object, persoon, ding of gebeurtenis.

De practice *personeels- en talentmanagement* heeft in de servicewaardeketen een hoge interactie met de activiteiten *Plannen* en *Verbeteren*, en een matige interactie met de andere activiteiten.

5.1.9 Portfoliomanagement

> Het **doel** van de practice *portfoliomanagement* is ervoor te zorgen dat de organisatie de juiste mix van programma's, projecten, producten en services heeft om de strategie van de organisatie uit te voeren binnen de grenzen van beschikbare financiering en middelen.

Portfoliomanagement zorgt ervoor dat alle producten, services, programma's en producten op elkaar zijn afgestemd om strategische doelen te ondersteunen en ziet toe op de toewijzing, de inzet en het managen van middelen in de hele organisatie. De practice omvat verschillende portfolio's, waaronder:

- een **product-/serviceportfolio**, die alle producten en services omvat die door de organisatie worden gemanaged
- een **projectportfolio**, om toezicht te houden op alle goedgekeurde projecten en ervoor te zorgen dat deze hun geplande doelen bereiken
- een **klantenportfolio**, met alle interne en externe klanten van de organisatie, onderhouden door de practice *relatiemanagement*

De practice *portfoliomanagement* heeft in de servicewaardeketen een hoge interactie met de activiteit *Plannen*, een gemiddelde interactie met *Verbeteren*, *Betrekken*, *Verkrijgen/bouwen*, *Ontwerp en transitie* en een lage interactie met *Opleveren en ondersteunen*.

5.1.10 Projectmanagement

> Het **doel** van de practice projectmanagement is ervoor te zorgen dat alle projecten in de organisatie met succes worden uitgevoerd.

Dit wordt bereikt door toezicht op alle aspecten van een project te plannen, te delegeren, te monitoren en te onderhouden, en de motivatie van de betrokken personen te behouden.

Projecten kunnen worden gebruikt om belangrijke wijzigingen in een component te managen. Ze kunnen deel uitmaken van een groter programma en een projectportfolio. Traditionele watervalmethoden zijn uitgebreid met Agile-methoden, vooral wanneer vereisten onzeker zijn in een snel veranderende omgeving.

De practice *projectmanagement* heeft in de servicewaardeketen een hoge interactie met de activiteiten *Verkrijgen/bouwen* en *Ontwerp en transitie* en matige interactie met *Plannen*, *Verbeteren*, *Betrekken* en *Opleveren en ondersteunen*.

5.1.11 Relatiemanagement

> Het **doel** van de practice relatiemanagement is om de verbanden tussen de organisatie en zijn stakeholders op strategisch en tactisch niveau vast te stellen en te koesteren.

De practice *relatiemanagement* omvat de identificatie, analyse, monitoring en voortdurende verbetering van relaties met en tussen stakeholders.

Relatiemanagement is van toepassing op alle stakeholders, zowel intern als extern. Het richt zich op het omgaan met alle vraag, prioriteiten, klachten en escalaties in de context van het creëren van servicewaarde, op zo'n manier dat alle stakeholders tevreden zijn.

De klantrelatiebeheerder (*business relationship manager*) is een veelvoorkomende functie, verantwoordelijk voor het onderhouden van goede relaties met één of meer klanten.

De practice *relatiemanagement* draagt in de servicewaardeketen bij aan alle activiteiten en aan meerdere waardestromen. De practice heeft een grote invloed op *Plannen*, *Verbeteren*, *Betrekken* en *Ontwerp en transitie* en matige interactie met *Verkrijgen/bouwen* en *Opleveren en ondersteunen*.

5.1.12 Risicomanagement

> Het **doel** van de practice *risicomanagement* is ervoor te zorgen dat de organisatie risico's begrijpt en effectief behandelt.

Risico houdt niet alleen verband met **bedreigingen**, maar ook met **kansen**. Risico's dienen te worden geïdentificeerd, beoordeeld en behandeld, zodanig dat de voordelen opwegen tegen de kosten van de risico's.

ISO 31000: 2018 biedt richtlijnen voor *risicomanagement*.

De practice *risicomanagement* is een integraal onderdeel van alle organisatorische activiteiten en staat daarom centraal in het SWS van de organisatie.

De practice heeft een hoge interactie met alle activiteiten van de servicewaardeketen.

5.1.13 Strategiemanagement

> Het **doel** van de practice *strategiemanagement* is om de doelen van de organisatie te formuleren, en de bijbehorende acties te plannen en middelen toe te wijzen om die doelen te bereiken.

Strategiemanagement bepaalt de richting van de organisatie, identificeert kansen en beperkingen, vertaalt strategische plannen in tactische en operationele plannen, definieert of verduidelijkt de prioriteiten van de organisatie en biedt consistentie of begeleiding in een Agile reactie op de veranderende omgeving.

De practice heeft in de servicewaardeketen een hoge interactie met de activiteit *Plannen* en een matige interactie met alle andere activiteiten.

5.1.14 Voortdurend verbeteren

> Het **doel** van de practice *voortdurend* verbeteren is om de practices en services van de organisatie in lijn te brengen met de veranderende vraag door de voortdurende identificatie en verbetering van services, servicecomponenten, practices of elk ander element dat is betrokken bij het efficiënt en effectief managen van producten en services.

Organisaties die een cultuur van voortdurend verbeteren adopteren, zullen niet alleen focussen op kansen, maar ze zullen ook practices dienen vast te stellen die daarbij horen. Dit betekent dat die organisaties:
- alle medewerkers bewust dienen te maken van de waarde van voortdurend verbeteren
- dienen te investeren in voortdurend verbeteren, in termen van tijd en geld
- verbeteractiviteiten op een gestructureerde manier dienen te managen

De afhandeling van geregistreerde verbetermogelijkheden dient in de hele organisatie te worden gestructureerd en gecoördineerd, volgens de gangbare benaderingen voor risicomanagement:
1. kansen identificeren en loggen
2. beoordelen en prioriteren
3 business cases opstellen voor verbeteropties
4. plannen en implementeren van geselecteerde initiatieven
5. meten en evalueren van resultaten

Deze aanpak dient op alle niveaus van de organisatie te worden toegepast: voortdurend verbeteren is de verantwoordelijkheid van alle medewerkers en dient te worden weerspiegeld in hun houding, gedrag en cultuur. Het model voor continual improvement is al geïntroduceerd in Figuur 10.

Voortdurend verbeteren dient tot uitdrukking te komen in alle instrumenten, technieken, methoden en modellen die de organisatie toepast. Dit omvat:
- Lean methoden, verminderen van verspilling
- meerfasenprojecten met iteratieve, Agile technieken
- beoordelings- en evaluatietechnieken voor het bepalen van ontwikkelings- en volwassenheidsstadia, inclusief een balanced scorecard, SWOT-analyse en *quick wins*
- DevOps-benaderingen voor organisatiestructuren

Het management van de organisatie dient initiatieven voor *voortdurend verbeteren* te ondersteunen door:

- voorop te lopen en *voortdurend verbeteren* een vast onderdeel van al het werk te maken
- het toewijzen van coördinatietaken, een specifiek team verantwoordelijk maken voor het managen en coördineren van verbeterinitiatieven
- het aanbieden van training aan de medewerkers en het voortdurend verbeteren van ieders taak
- op een gestructureerde manier interne en externe stakeholders betrekken, en *voortdurend verbeteren* inbouwen in geformaliseerde relaties (contracten)

Verbetervoorstellen kunnen worden geregistreerd in een **verbeteringenregister** (*continual improvement register*, CIR): een database of een gestructureerd document om de status en voortgang van verbetervoorstellen mee te volgen en te managen, van identificatie tot en met definitieve actie. Net als bij het configuratiemanagementsysteem (CMS, zie par. 5.2.11), kan dit verbeteringenregister worden samengesteld uit verschillende registraties die op verschillende niveaus binnen de organisatie worden bijgehouden.

Registratie en management dienen de gebruikelijke technieken te volgen die in veel andere practices worden gebruikt, inclusief prioriteringstechnieken op basis van impact en urgentie.

De voortdurend verbeteren-practice heeft relaties met verschillende andere practices, waaronder *problemmanagement* (voor het identificeren van verbetermogelijkheden), *change enablement* en *organisatieverandermanagement* (voor het implementeren van verbeteringen) en *projectmanagement* (voor het organiseren en managen van de verbeteringen).

Voortdurend verbeteren heeft een hoge interactie met alle activiteiten in de servicewaardeketen.

5.2 SERVICEMANAGEMENT-PRACTICES

ITIL 4 beschrijft 17 servicemanagement-practices die specifiek zijn voor het domein servicemanagement.

Het ITIL 4 Foundation-examen vereist dat kandidaten het **doel** van de volgende negen practices kennen (*gepresenteerd in alfabetische volgorde*):
1. change enablement
2. incidentmanagement
3. IT-assetmanagement
4. monitoring en eventmanagement
5. problemmanagement
6. releasemanagement
7. servicedesk
8. servicelevelmanagement
9. servicerequestmanagement

De resterende acht servicemanagement-practices worden niet geëxamineerd.

Van deze negen practices dienen kandidaten de volgende zes practices **in detail** te kunnen uitleggen, met uitzondering van hoe ze passen binnen de servicewaardeketen:
- change enablement
- incidentmanagement
- problemmanagement
- servicedesk
- servicelevelmanagement
- servicerequestmanagement

Van de resterende drie practices (IT-assetmanagement, monitoring en eventmanagement, releasemanagement) worden alleen de doelen geëxamineerd.

Kandidaten dienen tevens de definities van de volgende ITIL-termen te kennen:
- IT-asset
- event
- configuratie-item
- change
- incident
- problem
- known error

5.2.1 Bedrijfsanalyse

> Het **doel** van de practice *bedrijfsanalyse* is om een bedrijf of een deel ervan te analyseren, de bijbehorende vraag te definiëren, en oplossingen aan te bevelen om deze vraag aan te pakken en/of een bedrijfsprobleem op te lossen, waarmee waardecreatie voor stakeholders wordt gefaciliteerd.

Belangrijke activiteiten voor *bedrijfsanalyse* omvatten de analyse van de activiteiten van de klant en de prestaties van de huidige producten en services, en het identificeren en prioriteren van verbeteringen die kunnen worden aangebracht met producten en services.

Zakelijke vereisten kunnen op *utility* of op *warranty* zijn gericht.

> ***Warranty-eisen:*** *Typisch niet-functionele eisen, vastgelegd als input van belangrijke stakeholders en andere practices.*
>
> ***Utility-eisen:*** *Functionele eisen die door de klant zijn gedefinieerd en die uniek zijn voor een specifiek product.*

De practice *bedrijfsanalyse* heeft in de servicewaardeketen een hoge interactie met de activiteiten *Plannen, Betrekken, Verkrijgen/bouwen,*

Ontwerp en transitie en een matige interactie met *Verbeteren* en met *Opleveren en ondersteunen*.

5.2.2 Beschikbaarheidsmanagement

Het **doel** van de practice *beschikbaarheidsmanagement* is ervoor te zorgen dat services overeengekomen niveaus van beschikbaarheid leveren om aan de vraag van klanten en gebruikers te voldoen.

Beschikbaarheid heeft rechtstreeks betrekking op de service die er wel of niet is zoals afgesproken, en kan worden gemeten aan de hand van twee metrics: gemiddelde tijd tussen storingen (*mean time between failures*, MTBF) en gemiddelde tijd om de service te herstellen (*mean time to restore service*, MTRS).

Beschikbaarheid: Het vermogen van een IT-service of ander configuratie-item om de overeengekomen functie uit te voeren wanneer dat nodig is.

Beschikbaarheidsmanagement ondersteunt een breed scala aan activiteiten, van het onderhandelen over beschikbaarheid in overeenkomsten en het ontwerpen van de vereiste infrastructuur, tot het monitoren, analyseren, rapporteren en verbeteren van de overeengekomen beschikbaarheid.

Beschikbaarheidsmanagement kan worden geïntegreerd met andere practices zoals *risicomanagement*, *servicecontinuïteitsmanagement* of *capaciteits- en prestatiemanagement*. Het houdt ook nauw verband met *incident-* en *problemmanagement*.

De practice *beschikbaarheidsmanagement* heeft in de servicewaardeketen een hoge interactie met de activiteit *Plannen*, een matige interactie met *Verbeteren*, *Verkrijgen/bouwen*, *Ontwerp en transitie* en *Opleveren en ondersteunen*, en een lage interactie met *Betrekken*.

5.2.3 Capaciteits- en prestatiemanagement

> Het **doel** van de practice *capaciteits- en prestatiemanagement* is ervoor te zorgen dat services overeengekomen en verwachte prestaties bereiken en op een kosteneffectieve manier voldoen aan de huidige en toekomstige vraag.

De serviceprestatie is afhankelijk van de servicecapaciteit, die wordt gedefinieerd als de maximale verwerkingscapaciteit die een CI of service kan leveren.

> *Prestatie: Een maatstaf voor wat wordt bereikt of geleverd door een systeem, persoon, team, practice of service.*

De serviceprestatie heeft betrekking op het gekwantificeerde volume van serviceacties in een bepaald tijdsbestek en de tijd die nodig is om bepaalde serviceactiviteiten uit te voeren. Het behandelt meestal de prestaties van niet alleen de service, maar ook van de onderliggende infrastructuur, die intern of extern beschikbaar is gesteld.

Activiteiten van de practice *capaciteits- en prestatiemanagement* omvatten de analyse van de huidige service- en infrastructuurprestatie en de planning van verbeteringen. De practice is meestal sterk geïntegreerd met *voortdurend verbeteren*, *risicomanagement*, *change enablement*, *problemmanagement* en *servicecontinuïteitsmanagement*.

De practice heeft in de servicewaardeketen een hoge interactie met de activiteit *Verbeteren* en een matige interactie met de andere vijf activiteiten.

5.2.4 Change enablement

> Het **doel** van de practice *change enablement* is om het aantal succesvolle service- en productaanpassingen te maximaliseren, door ervoor te zorgen dat risico's goed zijn beoordeeld, changes (wijzigingen) te autoriseren en het wijzigingsplan te managen.

De scope van de practice *change enablement* wordt door elke organisatie verschillend gedefinieerd, maar *change enablement* richt zich meestal op producten en services. De scope omvat doorgaans alle IT-infrastructuur, applicaties, documentatie, processen, relaties met leveranciers en al het andere dat direct of indirect van invloed kan zijn op een product of service.

Change enablement verschilt van de practice van *organisatieverandermanagement*, die de menselijke aspecten van changes managet, om ervoor te zorgen dat verbeteringen en initiatieven voor organisatorische transformatie met succes worden geïmplementeerd.

> **Change:** *Het toevoegen, aanpassen of verwijderen van iets dat een direct of indirect effect op services kan hebben.*

Change enablement brengt een evenwicht tussen de noodzaak om changes[9] aan te brengen en de noodzaak om klanten en gebruikers te beschermen tegen het nadelige effect van diezelfde changes. *Change enablement* beoordeelt de betrokken risico's en verwachte voordelen en vereist autorisatie door een **wijzigingsautoriteit**, voordat een gewijzigde component wordt geïmplementeerd. Een wijzigingsautoriteit is een persoon of groep die verantwoordelijk is voor het autoriseren van een change.

Er kunnen drie soorten changes worden onderscheiden en aan elk ervan kan een andere wijzigingsautoriteit worden toegewezen:
- **Standaardchanges**: vooraf geautoriseerde changes met een laag risico, die goed worden begrepen en volledig gedocumenteerd zijn, en die kunnen worden geïmplementeerd zonder dat aanvullende autorisatie of risico-assessment vereist is. Ze kunnen worden geïnitieerd als service requests.

---

[9] Hier wordt de Engelse term *change* gebruikt in plaats van het Nederlandse *wijziging*, omdat de term *change* al geruime tijd ingeburgerd is, en bovendien de term *wijziging* tot problemen zou leiden bij het vertalen van combinatietermen zoals *change enablement, emergency change, request for change*, etc.

- **Normale changes**: changes die het reguliere proces van planning, beoordeling en autorisatie volgen, geïnitieerd door een change request (*request for change*, RFC). Wijzigingsmodellen, die vooraf gedefinieerde rollen voor beoordeling en autorisatie omvatten, kunnen worden opgesteld voor specifieke changes, afhankelijk van de betrokken risico's.
- **Emergency changes**: changes die zo snel mogelijk moeten worden geïmplementeerd. Emergency changes worden met hoge snelheid afgehandeld, maar zijn voor zover mogelijk onderworpen aan dezelfde tests, beoordelingen en autorisaties als normale changes. De afhandeling van changes met minder impact kan hierdoor worden vertraagd.

Een **wijzigingsmodel** is een herhaalbare benadering voor het managen van een bepaald type change.

Changes worden gepland in een **wijzigingsplan**, om communicatie te ondersteunen, conflicten te vermijden, middelen toe te wijzen en informatie te verstrekken die nodig is voor andere practices. Een wijzigingsplan bevat geplande en historische changes.

Een change wordt beschreven en aangevraagd met een **request for change** (RFC).

Organisaties met een geautomatiseerde pijplijn voor **continue integratie en continue implementatie** automatiseren vaak de meeste stappen van *change enablement*.

De practice *change enablement* heeft in de servicewaardeketen een hoge interactie met activiteiten *Verbeteren*, *Verkrijgen/bouwen*, *Ontwerp en transitie*, *Opleveren en ondersteunen*, en een lage interactie met *Plannen* en *Betrekken*.

5.2.5 Incidentmanagement

> Het **doel** van de practice *incidentmanagement* is het minimaliseren van de negatieve impact van incidenten door de normale werking van de service zo snel mogelijk te herstellen.

Incidenten kunnen van grote invloed zijn op de waarde die moet worden gecreëerd in het SWS. Dientengevolge dienen ze zorgvuldig te worden gemanaged.

> *Incident:* Een ongeplande onderbreking van een service of een vermindering van de kwaliteit van een service.

Incidenten dienen te worden vastgelegd, geprioriteerd en gemanaged, zodat ze kunnen worden opgelost volgens de verwachtingen van de klant en de gebruiker. Deze verwachtingen dienen te worden afgesproken en zorgvuldig worden gemanaged in termen van *beoogde oplostijden* die de businessimpact weerspiegelen.
Incidenten kunnen worden gecategoriseerd op basis van hun impact en de bijbehorende prioriteit (bijvoorbeeld 1, 2, 3) en door hun aard (bijvoorbeeld informatiebeveiligingsincidenten). Incidenten met een *lage impact* dienen zo efficiënt mogelijk te worden gemanaged, zodat middelen beschikbaar kunnen worden gesteld voor het managen van incidenten met een *grotere impact. Major incidenten* en beveiligingsincidenten kunnen worden ondersteund door specifieke processen.

Incidentinformatie dient te worden geregistreerd in incidentrecords, in de database van een geschikte tool. Om een snelle oplossing van het incident mogelijk te maken, dient deze tool bij voorkeur ondersteuning bieden voor het matchen van incidentrecords en koppelingen ondersteunen naar gerelateerde CI's en naar records van andere practices, inclusief changes, problems en known errors.

De opgeslagen informatie is belangrijk voor het matchen van toekomstige incidenten en voor andere practices, waaronder *problemmanagement*, *kennismanagement*, *risicomanagement*, *beschikbaarheidsmanagement*, *servicecontinuïteitsmanagement* en *voortdurend verbeteren*.

Incidentherstel kan betrekking hebben op middelen uit de hele organisatie en haar omgeving. Dit kan zijn: *zelfhulp* door gebruikers, ondersteuning door een servicedeskmedewerker, door een *ondersteuningsteam* met meer expertise of autorisatie, of door andere stakeholders zoals leveranciers. Andere technieken zoals *swarming*, waarbij middelen van verschillende teams en stakeholders betrokken zijn, kunnen ook worden toegepast.

Een incident met extreem hoge impact kan een *rampherstelplan* initiëren, dat wordt voorbereid door de practice *servicecontinuïteitsmanagement*.

Elke activiteit in de servicewaardeketen kan te maken krijgen met incidenten, maar de meest zichtbare incidenten zijn incidenten die plaatsvinden in een operationele omgeving, met een direct effect op gebruikers.

De practice *incidentmanagement* heeft in de servicewaardeketen een hoge interactie met de activiteiten *Betrekken* en *Opleveren en ondersteunen*, een matige interactie met *Verbeteren*, *Verkrijgen/bouwen* en *Ontwerp en transitie* en lage interactie met de activiteit *Plannen*.

5.2.6 IT-assetmanagement

Het **doel** van de practice *IT-assetmanagement* is om de volledige levenscyclus van alle IT-assets te plannen en te managen, om de organisatie te helpen bij:
- het maximaliseren van waarde
- het beheersen van kosten
- het managen van risico's

- het ondersteuning van besluitvorming over de aankoop, het hergebruik en het uitfaseren van assets
- het voldoen aan wettelijke en contractuele vereisten

De scope van *IT-assetmanagement* (ITAM) omvat doorgaans alle hardware, software (*software asset management*: SAM), licenties, netwerken, cloudservices en gebruikersapparaten. De scope kan echter ook niet-IT-assets omvatten, zoals gebouwen of informatie, waar deze van financiële waarde zijn en noodzakelijk zijn voor het leveren van een IT-service, of apparaten die deel uitmaken van het Internet of Things (IoT). In alle gevallen dient de volledige levenscyclus van elke asset te worden gemanaged.

IT-asset: Elke financieel waardevolle component die kan bijdragen aan de levering van een IT-product of -service.

Betrouwbare informatie over assets dient beschikbaar te worden gehouden in een **IT-assetregister**, dat vaak wordt gecombineerd met een configuratiemanagementsysteem (CMS). Dit vereist een goede interface met andere practices, zoals *serviceconfiguratiemanagement*, *incidentmanagement*, *change enablement* en *uitrolmanagement,* alsmede een regelmatige audit van de inhoud van het register.

De practice heeft in de servicewaardeketen een hoge interactie met de activiteiten *Verkrijgen/bouwen* en *Ontwerp en transitie* een matige interactie met *Plannen* en *Opleveren en ondersteunen* en een lage interactie met *Verbeteren* en *Betrekken*.

5.2.7 Monitoring en eventmanagement

Het **doel** van de practice *monitoring en eventmanagement* is om systematisch services en servicecomponenten te observeren en bepaalde statuswijzigingen die als events zijn gedefinieerd vast te leggen en te rapporteren.

Deze practice identificeert en prioriteert events op het gebied van infrastructuur, services, bedrijfsprocessen en informatiebeveiliging; de practice bepaalt de juiste reactie op die events en op omstandigheden die duiden op mogelijke fouten of incidenten.

> **Event:** *Elke statuswijziging die van belang is voor het managen van een service of een ander configuratie-item (CI).*

Events worden meestal herkend door meldingen die zijn gemaakt door een IT-service, CI of monitoringtool.

Events kunnen worden gecategoriseerd naar de impact van de observatie:
- **informatieve events**, waar geen actie voor vereist is
- **waarschuwingsevents**, die aangeven dat een gevolg kan worden voorkomen als actie wordt ondernomen
- **uitzonderingsevents**, die een negatief effect aangeven (een incident) waarvoor onmiddellijke actie vereist is (bijvoorbeeld het initiëren van de practice *incidentmanagement*)

Monitoring richt zich op de systematische observatie van services en gerelateerde CI's, om situaties met potentiële impact te detecteren. Monitoring kan actief of passief worden uitgevoerd. Het kan in hoge mate worden geautomatiseerd.

Eventmanagement is gericht op het registreren en managen van events, het bepalen van de significantie ervan en het identificeren en initiëren van de juiste actie om die events te managen. Dit omvat het starten van *incidentmanagement* in geval van een ernstig uitzonderingsevent, het triggeren van *problemmanagement* met eventdata of het initiëren van een change.

De practice heeft in de servicewaardeketen een hoge interactie met de activiteit *Opleveren en ondersteunen*, een matige interactie met *Verbeteren* en *Ontwerp en transitie* en een lage interactie met *Betrekken* en *Verkrijgen/ bouwen*. Er is geen significante interactie met de activiteit *Plannen*.

5.2.8 Problemmanagement

> Het **doel** van de practice *problemmanagement* is het verminderen van de waarschijnlijkheid en impact van incidenten, door actuele en potentiële oorzaken van incidenten te identificeren en workarounds en known errors te managen.

Elk van de vier dimensies van servicemanagement (Figuur 2) kan fouten (gebreken, defecten, onvolkomenheden) veroorzaken, die een bedreiging kunnen vormen voor het creëren van waarde. In ITIL worden deze fouten *problems* genoemd[10].

> ***Problem:*** *Een oorzaak of mogelijke oorzaak van een eerder opgetreden, actueel of nog op te treden incident.*

Problems hebben een indirecte, toekomstige impact op services: ze zijn gedefinieerd als oorzaken. De *symptomen* van deze oorzaken zijn de incidenten die *wel* van invloed zijn op de servicekwaliteit.

Zodra een problem is geanalyseerd en de oorzaak is begrepen en geïdentificeerd, verandert de status ervan in een known error en kan de oplossing worden gestart.

> ***Known error:*** *Een problem dat is geanalyseerd, maar nog niet is opgelost.*

---

10 Hier wordt de Engelse term *problem* gebruikt in plaats van het Nederlandse *probleem*, omdat de term *problem* al geruime tijd ingeburgerd is, en bovendien de term *probleem* tot problemen zou leiden bij het vertalen: probleem heeft ook betrekking op het *effect* van een *problem*, en dat effect heet in ITIL een *incident*. Een *problem* is in ITIL dus beperkt gedefinieerd als de negatieve variant van een *risico*, waarbij de positieve variant *opportunity* wordt genoemd.

Problemmanagement bestaat uit drie fasen (Figuur 11):
1. **Problemidentificatie** kan betrekking hebben op trendanalyse, onderzoek naar terugkerende of grote incidenten of onderzoek van een andere (externe) informatiebron. Deze fase levert geïdentificeerde en geregistreerde problemen op.
2. **Problem control** geeft prioriteit aan de afhandeling van vastgelegde problemen, analyseert deze vanuit alle vier de dimensies en bepaalt de bekende fout.
3. **Error control** volgt vervolgens de resolutie van de bekende fout op door potentiële oplossingen te identificeren, maatregelen te selecteren om de impact van bekende fouten te verminderen door middel van business case-analyse, en de implementatie van geselecteerde maatregelen te initiëren (bijvoorbeeld via change enablement).

Figuur 11. De fasen van problemmanagement

Als de oplossingen niet permanent zijn of een beperkt effect hebben, blijft de error-control-fase de known error volgen, met de regelmatige herbeoordeling van het effect en de verbetering van tijdelijke maatregelen (workarounds).

> ***Workaround:*** *Een oplossing die de impact vermindert of elimineert van een incident of problem waarvoor nog geen volledige oplossing beschikbaar is.*

Workarounds hebben betrekking op het verminderen van de impact, maar ze kunnen ook bijdragen aan incidentpreventie, waardoor de kans op het incident kleiner wordt. Workarounds kunnen in elk stadium worden gedefinieerd (in elke fase van Figuur 11), ze worden vastgelegd in het problemrecord en ze worden regelmatig opnieuw beoordeeld. Als er geen definitieve oplossing beschikbaar is, kunnen workarounds de permanente manier zijn om het probleem aan te pakken.

Prioritering van problemafhandeling is gebaseerd op het betrokken risico, gemeten als een combinatie van potentiële impact en waarschijnlijkheid.

Problemmanagement werkt samen met verschillende andere practices, waaronder *incidentmanagement*, *kennismanagement*, *risicomanagement* en *change enablement*. *Problemmanagement*-activiteiten kunnen ook verbetermogelijkheden identificeren, die worden opgenomen in het verbeteringenregister.

De practice *problemmanagement* heeft in de servicewaardeketen een hoge interactie met activiteiten *Verbeteren* en *Opleveren en ondersteunen*, een matige interactie met *Betrekken* en een lage interactie met *Verkrijgen/bouwen* en *Ontwerp en transitie*. Er is geen significante interactie met de activiteit *Plannen*.

5.2.9 Releasemanagement

> Het **doel** van de practice *releasemanagement* is om nieuwe en gewijzigde services en functies beschikbaar te maken voor gebruik.

Een release is gepland in een **releaseplan**, met gedetailleerde releaseschema's die zijn overeengekomen met klanten en andere stakeholders. De release kan uit veel verschillende componenten bestaan, waaronder infrastructuur, software, documentatie, training en tools.

> *Release:* Een versie van een service, een ander configuratie-item, of een verzameling configuratie-items, die voor gebruik beschikbaar wordt gemaakt.

Releases worden geïmplementeerd in de practice *uitrolmanagement*.

In een DevOps-omgeving wordt *releasemanagement* vaak geïntegreerd met een continue integratie/continue levering benadering (*continuous integration/continuous delivery*).

De practice heeft in de servicewaardeketens een hoge interactie met de activiteit *Ontwerp en transitie* een matige interactie met *Plannen*, *Verkrijgen/bouwen* en *Opleveren en ondersteunen*, en een lage interactie met *Verbeteren* en *Betrekken*.

5.2.10 Servicecatalogusmanagement

> Het **doel** van de practice *servicecatalogusmanagement* is om een enkelvoudige bron van consistente informatie over alle services en serviceaanbiedingen te bieden en om ervoor te zorgen dat deze beschikbaar is voor de relevante doelgroep.

De **servicecatalogus** geeft een beeld van de services die beschikbaar zijn en onder welke voorwaarden dat zo is. De servicecatalogus kan in verschillende vormen beschikbaar worden gesteld aan verschillende stakeholders met verschillende perspectieven, waaronder:

- **gebruikersweergaven**, ter ondersteuning van het aanvragen van verschillende serviceaanbiedingen
- **klantweergaven**, met informatie over serviceniveaus en financiële gegevens
- **IT-aan-IT klantweergaven**, voor gedetailleerde technische informatie, gebruikt bij de levering van services

De gebruikersweergave wordt vaak ondersteund met een lijst met verbruiksartikelen of bestelbare componenten van serviceaanbiedingen. Dit wordt vaak de verzoekscatalogus genoemd.

> ***Verzoekscatalogus:*** *Een weergave van de servicecatalogus, die aan de gebruiker beschikbaar wordt gesteld, met details over aanvragen voor bestaande en nieuwe services.*

De practice *servicecatalogusmanagement* heeft in de servicewaardeketen een hoge interactie met activiteit *Betrekken*, een matige interactie met *Ontwerp en transitie* en *Opleveren en ondersteunen*, en een lage interactie met *Plannen*, *Verbeteren* en *Verkrijgen/bouwen*.

5.2.11 Serviceconfiguratiemanagement

> Het **doel** van de practice *serviceconfiguratiemanagement* is ervoor te zorgen dat nauwkeurige en betrouwbare informatie over de configuratie van services en de CI's die deze ondersteunen, beschikbaar is waar en wanneer dit nodig is.

De practice *serviceconfiguratiemanagement* maakt informatie beschikbaar over hoe configuratie-items (CI's) zijn geconfigureerd en hoe deze onderling gerelateerd zijn, om duidelijk te maken hoe ze bijdragen aan het creëren van waarde.

> ***Configuratie item** (CI): Elke component die moet worden gemanaged om een IT-service te kunnen leveren.*

CI's omvatten de services en de daaraan bijdragende componenten van elk van de vier dimensies van servicemanagement, waaronder hardware, software, netwerken, gebouwen, mensen, leveranciers en documentatie. Het beeld van de wijze waarop deze componenten bijdragen aan de service wordt een servicekaart of servicemodel genoemd.

Serviceconfiguratiemanagement ondersteunt veel van de andere ITIL-practices, waarbij essentiële informatie over de beschikbare servicecomponenten wordt verstrekt en CI's worden gekoppeld aan vastgelegde incidenten, problems en changes. Deze informatie kan worden opgeslagen in het configuratiemanagementsysteem (CMS).

> ***Configuratiemanagementsysteem** (CMS): Een set tools, gegevens en informatie, die wordt gebruikt ter ondersteuning van serviceconfiguratiemanagement.*

Het CMS kan een enkele **configuration management database** (CMDB) voor de hele organisatie bevatten, maar het CMS kan ook meerdere bronnen omvatten. Alle informatie dient bij voorkeur op een geïntegreerde manier beschikbaar te worden gesteld aan bevoegd personeel.

De kosten van registratie dienen niet hoger te zijn dan de waarde die de informatie in het CMS creëert. Informatie kan handmatig in het CMS worden opgeslagen, maar kan ook met tools worden verzameld.

De practice *serviceconfiguratiemanagement* heeft in de servicewaardeketen een hoge interactie met activiteiten *Verkrijgen/bouwen* en *Ontwerp en transitie* een matige interactie met *Verbeteren* en *Opleveren en ondersteunen*, en een lage interactie met *Plannen* en *Betrekken*.

5.2.12 Servicecontinuïteitsmanagement

> Het **doel** van de practice *servicecontinuïteitsmanagement* is ervoor te zorgen dat de beschikbaarheid en prestatie van een service op een voldoende niveau worden gehouden in het geval van een ramp.

Servicecontinuïteitsmanagement komt in actie wanneer normale reactie- en herstelpractices zoals *incidentmanagement* en *major incidentmanagement* niet meer adequaat zijn.

Een organisatorisch event van deze omvang wordt doorgaans een **ramp** (calamiteit) genoemd: een plotselinge, ongeplande gebeurtenis die grote schade of ernstig verlies voor een organisatie veroorzaakt (definitie van Business Continuity Institute).

Servicecontinuïteitsmanagement ondersteunt het algehele bedrijfs- continuïteitsmanagement (BCM) door ervoor te zorgen dat IT-services na een ramp kunnen worden hervat op basis van bedrijfsvereisten. Organisaties dienen te definiëren, overeen te komen en te documenteren wat als een ramp wordt beschouwd, evenals de acties die volgen op het optreden ervan, los van de overeengekomen manier voor het afhandelen van (grote, *major*) incidenten.

Belangrijke componenten van *servicecontinuïteitsmanagement* zijn onder meer:

> ***Beoogde hersteltijd*** *(recovery time objective, RTO): de maximaal toegestane tijdsperiode na een onderbreking van de service, die kan verstrijken voordat het gebrek aan businessfunctionaliteit ernstige gevolgen heeft voor de organisatie.*
>
> ***Beoogd herstelpunt*** *(recovery point objective, RPO): Het punt waarop informatie die door een activiteit wordt gebruikt, moet zijn hersteld om de activiteit bij hervatting te laten werken.*
>
> ***Rampherstelplannen*** *(uitwijkplannen, calamiteitenplannen): een reeks duidelijk omschreven plannen met betrekking tot hoe een organisatie zich van een ramp zal herstellen en zal terugkeren naar een toestand vóór de ramp, rekening houdend met de vier dimensies van servicemanagement.*
>
> ***Business impact analysis*** *(BIA): de activiteit die essentiële bedrijfsfuncties (vital business functions, VBF's) en hun afhankelijkheden identificeert, in termen van vereisten die RTO's, RPO's en minimale doel-servicelevels voor elke IT-service omvatten.*

De practice kent in de servicewaardeketen geen hoge interactie met activiteiten, matige interacties met *Plannen, Verbeteren, Verkrijgen/bouwen, Ontwerp en transitie* en *Opleveren en ondersteunen*, en een lage interactie met *Betrekken*.

5.2.13 Servicedesk

> Het **doel** van de practice *servicedesk* is om de vraag naar incidentherstel en service requests vast te leggen.

Het dient ook voor alle gebruikers het toegangspunt en het enige contactpunt (*single point of contact*) te zijn voor de service-provider. De servicedesk is een practice en niet alleen maar een functie. De practice *servicedesk* omvat alle vier de dimensies van servicemanagement (Figuur 2).

De **servicedesk** is het communicatiepunt tussen de service-provider en al z'n gebruikers. De **servicedesk-*practice*** is de practice voor het vastleggen van de vraag naar incidentherstel en serviceaanvragen.

Servicedesks bieden een duidelijk pad voor gebruikers om issues, vragen en verzoeken te melden. Die gebruikers kunnen verschillende **toegangskanalen** gebruiken, waaronder:
- telefonische berichten, eventueel met interactieve spraakherkenning (*interactive voice response*, IVR), conference calls, spraakherkenning
- serviceportalen en mobiele applicaties, ondersteund door service- en aanvraagcatalogi en kennisbanken
- chat, via live chat en chatbots
- e-mail voor loggen en updaten, en voor vervolgonderzoeken en bevestigingen.
- inloop-servicedesks, wanneer fysieke aanwezigheid vereist is
- berichtensystemen, voor omroepmeldingen, voor contact met specifieke groepen stakeholders en voor ondersteuning van service requests van gebruikers
- social media en discussieforums voor contact met de service-provider en voor collegiale raadpleging

Met de toegenomen automatisering[11] bieden servicedesks steeds meer **self-service** registratie en oplossing[12], rechtstreeks via online portalen en mobiele applicaties. Bijgevolg heeft de servicedesk minder telefonisch contact, minder eenvoudige werkzaamheden en een groter vermogen om zich te concentreren op een uitstekende klantervaring (CX) als persoonlijk contact nodig is.

De servicedesk zorgt ervoor dat alle issues, vragen en verzoeken worden bevestigd, geclassificeerd, in eigendom worden genomen, en omgezet worden in acties, in nauwe samenwerking met alle andere teams in de organisatie, zowel intern als extern.

De servicedesk is de empathische en goed geïnformeerde koppeling tussen de service-provider en zijn gebruikers, gefocust op mensen en bedrijven en niet alleen op technische kwesties. De servicedesk heeft een grote invloed op de gebruikerservaring (UX) en de manier waarop de service-provider wordt ervaren door de gebruikers (klanttevredenheid). Servicedeskmedewerkers dienen over uitstekende vaardigheden voor klantenservice te beschikken, zoals:
- empathie
- effectieve communicatie
- emotionele intelligentie
- inzicht in businessprioriteiten

Het begrijpen van de business is de belangrijkste vaardigheid: volledig kunnen begrijpen en diagnosticeren van een specifiek incident, issue of verzoek, in termen van businessprioriteit en relevantie, en passende maatregelen nemen om dit opgelost te krijgen.

---

11 Kunstmatige intelligentie (*artificial intelligence,* AI), procesautomatisering (*robotic process automation,* RPA), chatbots
12 *'Shift left'*

Servicedesks kunnen gecentraliseerde, tastbare teams zijn of **virtuele servicedesks**, waarbij medewerkers vanaf elke locatie werken. Vooral deze virtuele servicedesks zullen meer geavanceerde technologieën vereisen, waaronder:

- intelligente telefoniesystemen, met computer-telefonie-integratie (CTI), interactieve spraaksystemen (*interactive voice-response*, IVR) en automatische oproeproutering (*automatic call distribution*)
- workflowsystemen voor routering en escalatie
- personeelsmanagement- en resourceplanningsystemen
- een kennisbank
- gespreksopname en kwaliteitscontrole
- tools voor externe toegang
- dashboard- en monitoringtools
- configuratiemanagementsystemen

Servicedesks hebben mogelijk een beperkt **ondersteuningsvenster**: de tijden waarin de service ondersteund wordt.

De practice *servicedesk* heeft in de servicewaardeketen een hoge interactie met activiteiten *Betrekken* en *Opleveren en ondersteunen*, een matige interactie met *Verbeteren* en *Ontwerp en transitie* en een lage interactie met *Verkrijgen/bouwen*. Er is geen significante interactie met de activiteit *Plannen*.

5.2.14 Servicelevelmanagement

> Het **doel** van de practice *servicelevelmanagement* is om duidelijke, businessgerelateerde doelen voor de serviceprestatie vast te stellen, zodat de levering van een service naar behoren tegen deze doelen kan worden beoordeeld, bewaakt en gemanaged.

De practice *servicelevelmanagement* omvat het definiëren, documenteren en actief managen van servicelevels.

> **Servicelevel:** Eén of meer metrics, die de verwachte of gerealiseerde servicekwaliteit bepalen.

Om voor meerdere stakeholders end-to-end inzicht te bieden in de services van de organisatie, biedt servicelevelmanagement:
- een **gedeeld beeld** van de services en de beoogde servicelevels bij klanten
- relevante **metrics** voor de geïdentificeerde services
- **servicebeoordelingen** om ervoor te zorgen dat de huidige services blijven voldoen aan de vraag van de organisatie en haar klanten
- informatie over issues met de **serviceprestatie**, zodat passende maatregelen kunnen worden genomen

Service-providers en serviceconsumenten kunnen afspraken maken over de services en deze documenteren in service level agreements (SLA's).

> **Service level agreement:** Een gedocumenteerde overeenkomst tussen een service-provider en een klant, die zowel de vereiste services als het verwachte servicelevel identificeert.

Het is belangrijk dat SLA's aansluiten bij de verwachtingen van de klant en de leverancier. SLA's dienen betrekking te hebben op:
- gedefinieerde en meetbare **services**, zoals beschreven in de servicecatalogus
- gedefinieerde **eindresultaten**, uitgedrukt in termen van de waarde voor de klant

SLA's dienen eenvoudig geschreven te zijn en gemakkelijk te begrijpen en te gebruiken voor alle betrokken partijen. De meting, op basis van SLA's, dient zinvol te zijn en de actuele klantervaring en klanttevredenheid te weerspiegelen. Als een servicelevel-metric aangeeft dat een taak goed is uitgevoerd (beschikbaarheid voldoet aan de overeengekomen norm, bijv. 99,9%) maar de klant is niet tevreden (de 0,1% onbeschikbaarheid trad precies midden in een grote zakelijke campagne op), dan weerspiegelt de metric niet de verwachte waarde. Valse metrics zoals deze zouden leiden tot een **watermeloeneffect** (groen aan de buitenkant, maar rood aan de binnenkant), wat dient te worden vermeden.

Bij *servicelevelmanagement* draait alles om relaties. De vereiste vaardigheden en competenties hebben betrekking op *relatiemanagement*, zakelijke contacten, *leveranciersmanagement* en *bedrijfsanalyse*. Het vereist het *betrekken* van de werkelijke vraag en vereisten van klanten en het *luisteren* naar de klant, om een betrouwbare relatie op te bouwen. De service-provider dient de business van de klant in detail te begrijpen, door middel van een actieve houding, gebruikmakend van verschillende communicatietechnieken en feedback van klanten uit enquêtes en metingen.

De practice *servicelevelmanagement* heeft in de servicewaardeketen een hoge interactie met de activiteiten *Plannen*, *Betrekken* en *Verbeteren*, en een matige interactie met *Verkrijgen/bouwen*, *Ontwerp en transitie* en *Opleveren en ondersteunen*.

5.2.15 Serviceontwerp

> Het **doel** van de practice *serviceontwerp* is om producten en services te ontwerpen die *fit for purpose* en *fit for use* zijn, en die kunnen worden geleverd door de organisatie en haar ecosysteem.

Dit omvat het plannen en organiseren van mensen, partners en leveranciers, informatie, communicatie, technologie en practices voor nieuwe of gewijzigde producten en services, en de interactie tussen de organisatie en haar klanten.

De practice *serviceontwerp* dient ervoor te zorgen dat de klantreis (*customer journey*) zo aangenaam en wrijvingsloos mogelijk is. Technieken die kunnen worden gebruikt voor *serviceontwerp* omvatten **design thinking** en het focussen op klantervaring (CX) en gebruikerservaring (UX en Lean UX).

Serviceontwerp dient in al haar activiteiten te worden geïntegreerd met de practice *risicomanagement*.

De practice *serviceontwerp* heeft in de servicewaardeketen een hoge interactie met activiteiten *Verkrijgen/bouwen* en *Ontwerp en transitie* een matige interactie met *Plannen* en *Verbeteren*, en een lage interactie met *Betrekken* en *Opleveren en ondersteunen*.

5.2.16 Servicerequestmanagement

> Het **doel** van de practice *servicerequestmanagement* is om de overeengekomen kwaliteit van een service te ondersteunen, door alle vooraf gedefinieerde, door de gebruiker geïnitieerde service requests op een effectieve en gebruikersvriendelijke manier af te handelen.

Service requests zijn een normaal onderdeel van de serviceverlening en vormen geen storing of verslechtering van de service, die als incidenten worden behandeld.

> ***Service request:*** *Een verzoek van een gebruiker of een door de gebruiker gemachtigde vertegenwoordiger, die een serviceactie initieert die als normaal onderdeel van de servicelevering is overeengekomen.*

Service requests worden vooraf met de klant afgesproken in termen van wat ze leveren en wanneer. Dit betekent dat het aannemelijk is dat ze worden geformaliseerd en afgehandeld volgens vooraf gedefinieerde procedures. Deze kunnen eenvoudig of ingewikkeld zijn, maar ze zijn altijd **gestandaardiseerd**.

Zo mogelijk moeten procedures voor service requests worden **geautomatiseerd**. De service-provider dient voortdurend naar opties te zoeken om de uitvoering van (geautomatiseerde) service requests te verbeteren.

Een servicecatalogus kan veel van deze service requests bevatten, om de uitvoering ervan te stroomlijnen en de verwachtingen van de gebruiker in te stellen. Sommige service requests kunnen specifieke autorisatie vereisen, andere kunnen worden geïnitieerd door (alle) gebruikers in self-serviceportalen.

De afhandeling van service requests verloopt volgens een eenvoudige procedure die initiatie, goedkeuring en uitvoering omvat. De uitvoering kan changes in services of hun componenten omvatten; meestal zijn dit *standaardchanges*.

Service requests kunnen verschillende activiteiten omvatten, zoals routinematige serviceleveringsacties, verzoeken om informatie, verzoeken om verstrekking van of toegang tot een middel of service, feedback, complimenten en klachten. Als een service request eigenlijk een *incidentmelding* of een *change request* is, dienen er procedures te zijn om de melding te routeren naar de juiste practice.

De practice heeft in de servicewaardeketen een hoge interactie met de activiteiten *Betrekken* en *Opleveren en ondersteunen*, een matige interactie met *Verkrijgen/bouwen* en *Ontwerp en transitie* en lage interactie met *Verbeteren*. Er is geen significante interactie met de activiteit *Plannen*.

5.2.17 Servicevalidatie en testen

Het **doel** van de practice *servicevalidatie en testen* is ervoor te zorgen dat nieuwe of gewijzigde producten en services aan bepaalde vereisten voldoen.

Servicevalidatie richt zich op het vaststellen van **acceptatiecriteria** voor *uitrolmanagement* en *releasemanagement*, die worden geverifieerd door middel van tests. Acceptatiecriteria kunnen op utility of warranty gericht zijn en worden gedefinieerd aan de hand van inzicht in klant-, regelgevende, business-, risicomanagement- en beveiligingsvereisten.

Een **teststrategie** definieert een algemene benadering van testen. Deze kan van toepassing zijn op elke reeks componenten. De teststrategie is gebaseerd op de acceptatiecriteria voor services.

Testtypen omvatten *utility/functionele* tests (unit-, systeem-, integratie- en regressietests) en *warranty/niet-functionele* tests (testen van prestatie en capaciteit, beveiliging, compliance, operationele functies, *warranty*-vereisten en gebruikersacceptatie).

De practice *servicevalidatie en testen* heeft in de servicewaardeketen een hoge interactie met de activiteiten *Verkrijgen/bouwen* en *Ontwerp en transitie* een matige interactie met *Verbeteren* en lage interactie met *Betrekken* en *Opleveren en ondersteunen*. Er is geen significante interactie met de activiteit *Plannen*.

■ 5.3 TECHNISCHE MANAGEMENT-PRACTICES

ITIL 4 beschrijft drie technische management-practices.

Het ITIL 4 Foundation-examen vereist dat kandidaten het **doel** van één technische management-practice kennen:
- uitrolmanagement

De resterende twee practices worden niet geëxamineerd.

5.3.1 Infrastructuur- en platformmanagement

> Het **doel** van de practice *infrastructuur en platformmanagement* is toezicht te houden op de infrastructuur en platforms die door een organisatie worden gebruikt.

IT-infrastructuur is de fysieke en/of virtuele technologie, zoals servers, opslag, netwerken, *client* hardware, middleware en besturingssystemen, die de omgevingen leveren die nodig zijn om IT-services te leveren.

Dit omvat alle CI's die een klant gebruikt om toegang tot de service te krijgen of een product te consumeren, en ook de faciliteiten die nodig zijn om IT-services te ontwikkelen, testen, leveren, monitoren, managen en ondersteunen.

Infrastructuur- en platformmanagement kan ook betrekking hebben op de gebouwen en faciliteiten die een organisatie gebruikt om haar IT-infrastructuur te managen.

IT-infrastructuur en platforms worden tegenwoordig vaak gebouwd met cloud-technologie. Consumenten kunnen de verwerking, opslag en/of andere automatiseringsmiddelen verkrijgen zonder de onderliggende infrastructuur te hoeven beheersen. Cloud-servicemodellen omvatten:

- ***software as a service*** (SaaS), voor het *gebruik* van op de cloud gebaseerde applicaties, die draaien op de infrastructuur die wordt geleverd en gemanaged door de cloud-leverancier
- ***platform as a service*** (PaaS), voor het *managen* van cloud-gebaseerde applicaties, die draaien op de infrastructuur die wordt geleverd en gemanaged door de cloud-leverancier
- ***infrastructure as a service*** (IaaS), voor een *managementomgeving* voor cloud-gebaseerde applicaties, zonder de onderliggende infrastructuur te hoeven managen die wordt geleverd en gemanaged door de cloud-leverancier

Elk servicemodel kan op verschillende manieren worden uitgerold, waaronder een *private cloud*, *public cloud* of *community cloud*. Een *hybrid cloud* is een samenstelling van twee of meer van deze cloud-infrastructuren.

De practice *infrastructuur- en platformmanagement* heeft in de servicewaardeketen een hoge interactie met de activiteiten *Verkrijgen/bouwen*, *Ontwerp en transitie* en *Opleveren en ondersteunen*, een matige interactie met *Plannen*, en een lage interactie met *Verbeteren*. Er is geen significante interactie met activiteit *Betrekken*.

5.3.2 Softwareontwikkeling en -management

> Het **doel** van de practice *softwareontwikkeling en –management* is ervoor te zorgen dat programmatuur voldoet aan de interne en externe vraag van stakeholders, in termen van functionaliteit, betrouwbaarheid, onderhoudbaarheid, compliance en controleerbaarheid.

De term 'software' kan worden gebruikt om verschillende zaken te beschrijven, van een enkel programma (applicatie, pakket) tot grotere constructies (zoals een besturingssysteem, een besturingsomgeving of een database) waarop verschillende kleinere programma's, processen of workflows kunnen draaien.

De practice *softwareontwikkeling en –management* is van toepassing op elke grootte van software of een combinatie van programma's, desktopapplicaties, mobiele apps, embedded (machine-)software, websites of elk ander formaat software.

Softwareontwikkeling en -management is een cruciale practice in elke moderne IT-organisatie. De practice kan waterval- of Agile-methoden, DevOps of een andere benadering toepassen. De activiteiten bestrijken de gehele levenscyclus van software, van ideevorming, ontwerp, ontwikkeling, testen, uitrol en werking tot aan uitfasering.

De practice *softwareontwikkeling en -management* heeft in de servicewaardeketen een hoge interactie met de activiteiten *Verkrijgen/bouwen* en *Opleveren en ondersteunen*, een matige interactie met *Verbeteren* en *Ontwerp en transitie* en een lage interactie met *Betrekken* en *Plannen*.

5.3.3 Uitrolmanagement

> Het **doel** van de practice *uitrolmanagement* is het verplaatsen van nieuwe of gewijzigde hardware, software, documentatie, processen of andere componenten naar productieomgevingen of naar omgevingen voor testen of preproductie (*staging*).

Uitrolmanagement werkt nauw samen met *releasemanagement* en *change enablement*. De practice kan verschillende benaderingen hanteren, waaronder:
- **gefaseerd uitrollen**, wanneer de nieuwe of gewijzigde componenten achtereenvolgens worden uitgerold op delen van de productieomgeving
- **continue levering**, wanneer componenten worden geïntegreerd, getest en ingezet wanneer ze nodig zijn
- **big-bang-uitrol**, wanneer alle componenten tegelijk in alle doelomgevingen worden afgeleverd
- **pull-uitrol**, waarbij gebruikers de objecten zelf vanuit een gecontroleerde opslagplaats implementeren

Uitrolmanagement verwijst naar zowel infrastructuur als software. Componenten die beschikbaar zijn voor gebruik, moeten worden onderhouden op één of meer beveiligde locaties (*mediakluis* of *hardwarekluis*).

Uitrol kan worden ondersteund door automatiseringstools, bijvoorbeeld voor het inzetten van software die op de *client* draait.

Communicatie rond een uitrol maakt deel uit van *releasemanagement*. Het is essentieel dat de organisatie op de hoogte is van alle uitrolactiviteiten, zodat een beheerste omgeving kan worden gehandhaafd.

De practice *uitrolmanagement* heeft in de servicewaardeketen een hoge interactie met de activiteiten *Verkrijgen/bouwen* en *Ontwerp en transitie* en matige interactie met *Verbeteren*. Er is geen significante interactie met de activiteiten *Plannen*, *Betrekken* en *Opleveren en ondersteunen*.

■ 5.4 RELATIES TUSSEN PRACTICES EN ACTIVITEITEN IN DE SERVICEWAARDEKETEN

Zoals eerder beschreven in dit hoofdstuk, kunnen de activiteiten van de servicewaardeketen elke combinatie van ITIL-practices gebruiken om hun doelen te realiseren. De ITIL-practices kunnen op hun beurt elke activiteit van de servicewaardeketen ondersteunen. De practices verschillen echter in de mate waarin ze de afzonderlijke activiteiten ondersteunen. De volgende zes figuren demonstreren de interactie tussen de activiteiten van de servicewaardeketen en de 34 afzonderlijke ITIL-practices, in een *heatmap* per activiteit.

De drie practice-categorieën zijn met verschillende opmaak weergegeven (omlijsting). Binnen elk interactieniveau kan elke practice-categorie daardoor worden onderscheiden van de andere.

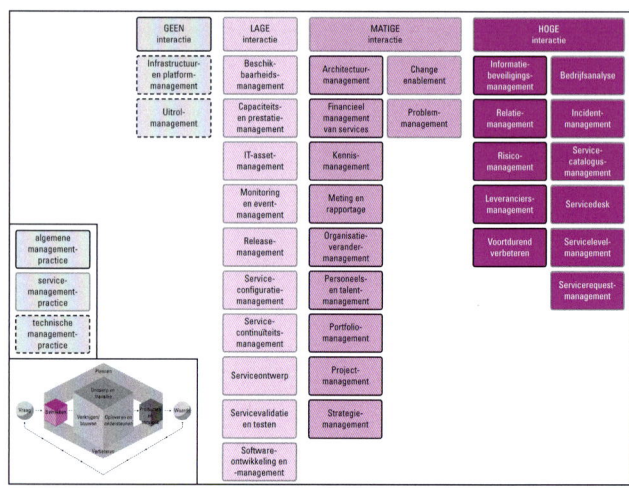

Figuur 12. De practice-heatmap van Betrekken

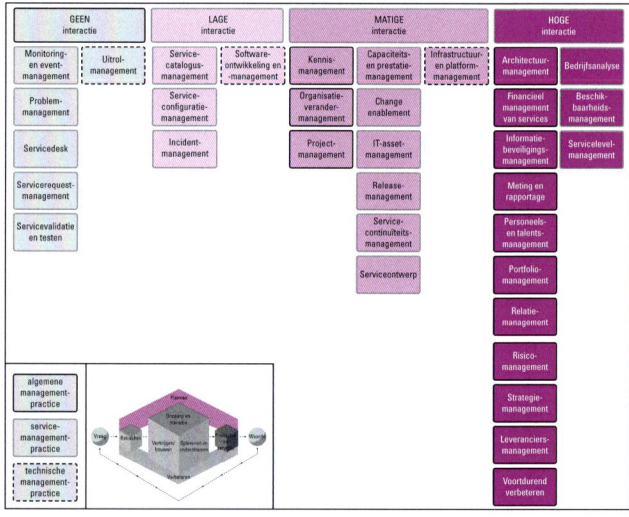

Figuur 13. De practice-heatmap van Plannen

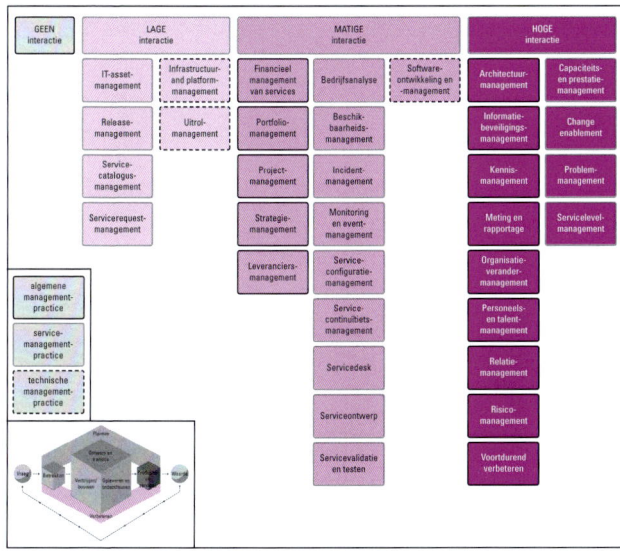

Figuur 14. De practice-heatmap van Verbeteren

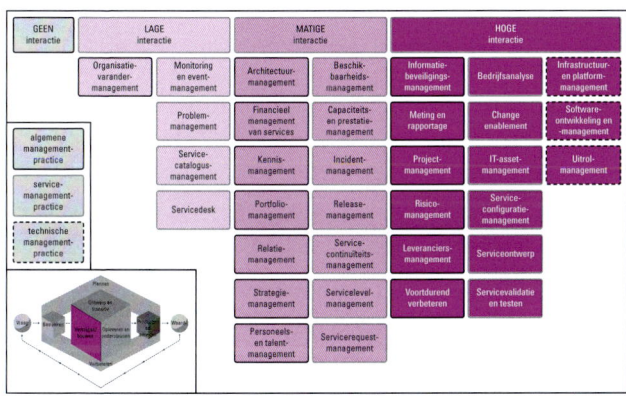

Figuur 15. De practice-heatmap van Verkrijgen/bouwen

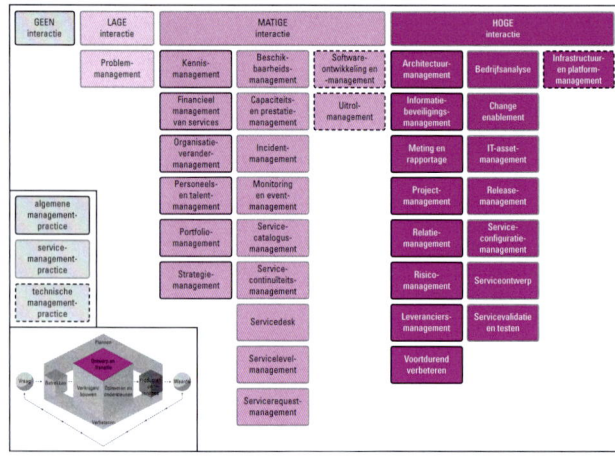

Figuur 16. De practice-heatmap van Ontwerp en transitie

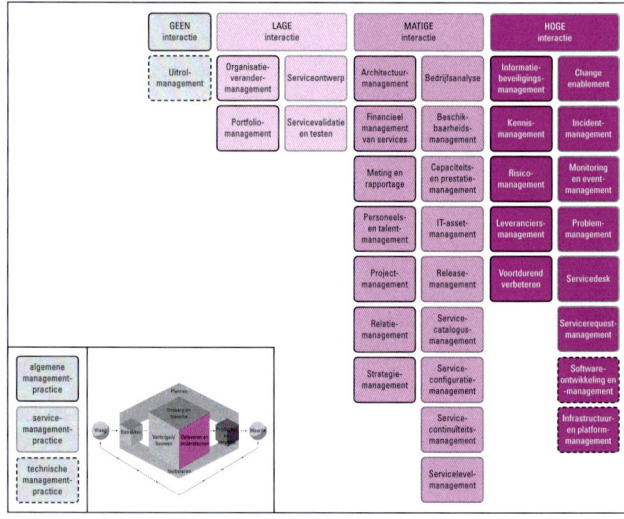

Figuur 17. De practice-heatmap van Opleveren en ondersteunen

6 Het ITIL 4 Foundation Examen

■ 6.1 DOEL

Het doel van de ITIL 4 Foundation-kwalificatie is kandidaten bekend te maken met het management van moderne IT-services, hen een goed begrip van de gemeenschappelijke taal en de belangrijkste begrippen te geven, en hen te laten zien hoe ze hun werk en het werk van hun organisatie met de ITIL 4-leidraad kunnen verbeteren.

Bovendien zal de kwalificatie de kandidaat inzicht geven in het ITIL 4 servicemanagement-framework en hoe dat zich heeft ontwikkeld om gebruik te kunnen maken van moderne technologieën en werkwijzen.

Het doel van het ITIL 4 Foundation examen is om te beoordelen of de kandidaat voldoende kennis en begrip kan tonen van het ITIL 4 servicemanagement-framework, om de ITIL 4 Foundation kwalificatie te verdienen. De ITIL 4 Foundation kwalificatie is een vereiste voor de ITIL 4 kwalificaties op hogere niveaus. Deze hogere kwalificaties beoordelen het vermogen om de concepten toe te passen, en het begrip van de relevante onderdelen van het ITIL–framework in hun context. De gedetailleerde vereisten voor het ITIL 4 Foundation examen zijn gedocumenteerd in de syllabus. Deze syllabus kan worden gedownload van de AXELOS-website.

6.2 OMSTANDIGHEDEN

Kandidaten kunnen maximaal 60 minuten gebruiken om het examen af te leggen. Kandidaten die het examen afleggen in een taal die niet hun moedertaal of werktaal is, krijgen 15 minuten extra tijd.

Het ITIL 4 Foundation examen is een gesloten boek examen, wat betekent dat je tijdens het examen geen materiaal bij de hand mag hebben, behalve de examenmaterialen.

6.3 VRAAGTYPES

Alle vragen hebben vier antwoord-opties. De kandidaat moet daaruit het juiste antwoord selecteren. Er is slechts één goed antwoord voor elke vraag.

Vragen zijn van één van de volgende types:
- **standaard**: selecteer het juiste antwoord uit vier opties
- **ontbrekend woord**: selecteer een ontbrekend woord in een zin, uit een lijst met vier opties
- **lijst**: selecteer een combinatie van twee juiste items uit een lijst
- **negatieve vraag**: selecteer het juiste antwoord uit vier opties, in een negatieve verklaring (bijvoorbeeld 'wat is niet …')

Negatieve vragen worden alleen gebruikt – als uitzondering – in het geval dat de leerresultaten vermelden dat de kandidaat dient te weten dat iets *niet* wordt gedaan of *niet* zou moeten gebeuren.

6.4 WEGING

Het examen heeft 40 vragen. Elke vraag is één punt. Kandidaten slagen voor het examen als ze 26 punten of meer scoren.

Er zijn negen vragen op niveau 1 van de taxonomie van Bloom (kennen/definiëren) en 31 vragen op Bloom's niveau 2 (beschrijven/uitleggen).

Elke kandidaat krijgt een standaard aantal vragen voor elk beoogd leerresultaat:
- begrijp de belangrijkste serviceconcepten: **vijf vragen**
- begrijp hoe de ITIL-richtinggevende principes een organisatie kunnen helpen om servicemanagement te adopteren en toe te passen: **zes vragen**
- begrijp de vier dimensies van servicemanagement: **twee vragen**
- begrijp het doel en de componenten van het ITIL-servicewaardesysteem: **één vraag**
- begrijp de activiteiten van de servicewaardeketen en hoe ze onderling samenhangen: **twee vragen**
- ken het doel en de kernbegrippen van 15 ITIL-practices: **zeven vragen**
- begrijp zeven ITIL-werkwijzen: **17 vragen**

6.5 VOORBEREIDING

Kandidaten voor het ITIL 4 Foundation examen wordt aangeraden om een klassikale training of een e-training te volgen. Het volgen van een training is niet verplicht, maar het vergroot de kansen van een kandidaat bij het examen.

Kandidaten kunnen deze pocketguide ook gebruiken als voorbereiding op het examen of het boek "ITIL Foundation – ITIL 4 Edition" lezen.

6.6 CERTIFICERINGSCHEMA

ITIL 4 Foundation is de certificering op instapniveau en toont een algemeen bewustzijn van de belangrijkste elementen, concepten en terminologie van ITIL 4.

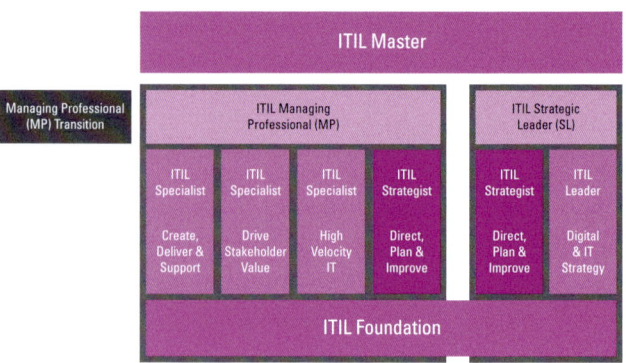

Figuur 18. Het ITIL 4 Certificeringschema

Het ITIL 4-certificeringschema (Figuur 18) is ontworpen om goed aan te sluiten op de certificeringen van ITIL v3. Het bestaat uit de volgende modules:
- ITIL 4 Foundation
- ITIL Specialist-modules:
  - Create, Deliver & Support
  - Drive Stakeholder Value
  - High Velocity IT
- ITIL Strategist: Direct, Plan & Improve
- ITIL Leader: Digital & IT Strategy
- ITIL Managing Professional Transition

De module ITIL Leader: Digital & IT Strategy vereist drie jaar managementervaring als voorwaarde, samen met de voltooiing van ITIL 4 Foundation.

Om de kwalificatie **ITIL Managing Professional** (ITIL MP) te verkrijgen, moet de kandidaat de volgende modules voltooien:
- ITIL 4 Foundation (voorwaarde voor de andere modules)
- Alle drie ITIL Specialist-modules:
  - Create, Deliver & Support
  - Drive Stakeholder Value
  - High Velocity IT
- ITIL Strategist: Direct, Plan & Improve

Kandidaten die de kwalificatie ITIL Expert of ITIL Master al hebben gekregen onder het ITIL v3-regime, of degenen met 17 credits of meer van ITIL v3, kunnen de module *Managing Professional Transition* gebruiken om de ITIL MP-kwalificatie toegekend te krijgen. De Transition-module behandelt de kernelementen van de ITIL Managing Professional stream, met een verplicht trainingselement en examen, waardoor v3-kandidaten hun bestaande kwalificaties kunnen overdragen naar het nieuwe ITIL 4-certificatieschema.

Om de kwalificatie **ITIL Strategic Leader** (ITIL SL) te verkrijgen, moet de kandidaat de volgende modules voltooien:
- ITIL 4 Foundation (voorwaarde voor de andere modules)
- ITIL Leader: Digital & IT Strategy
- ITIL Strategist: Direct, Plan & Improve

Kandidaten die beide kwalificaties behalen, komen in aanmerking voor een beoordeling om **ITIL Master** te worden.

7 Verschillen met vorige ITIL-versies

ITIL heeft sinds de vorige versies een grote stap voorwaarts gemaakt. ITIL 4 past een moderne interpretatie van servicemanagement toe vanuit een klantgericht perspectief. Het positioneert servicemanagement volgens de *Service-Dominant logic*, waarbij waarde niet langer wordt gezien als **value-in-exchange**, maar als **value-in-use**, en waarbij waarde gezamenlijk door leveranciers en hun consumenten wordt gecreëerd, in een gezamenlijke inspanning.

Dit komt tot uitdrukking in het ITIL-**servicewaardesysteem** (SWS) en in het concept van de ITIL-**servicewaardeketen**, waarbij **waardestromen** worden gebruikt voor het leveren van een bijdrage aan het creëren van waarde.

In ITIL v3 is het domein van de service-provider gebouwd met de volgende elementen:
- mensen
- processen
- producten (services, technologie en tools)
- partners (leveranciers, fabrikanten en verkopers)

In ITIL 4 is het domein van de service-provider nog steeds opgebouwd uit vergelijkbare elementen:
- organisaties en mensen
- waardestromen en processen
- informatie en technologie
- partners en leveranciers

De structuur van de servicelevenscyclus van ITIL v3, die op tamelijk redundante wijze een reeks kernprocessen beschrijft voor elke fase van de levenscyclus, is vervangen door het concept van servicewaardeketen. De servicewaardeketen is samengesteld uit vergelijkbare elementen als de servicelevenscyclus maar kan op een veel flexibeler wijze worden gebruikt. Hiermee kan de service-provider waardestromen creëren, die zijn samengesteld uit iedere denkbare, iteratieve combinatie van elementen van de servicewaardeketen.

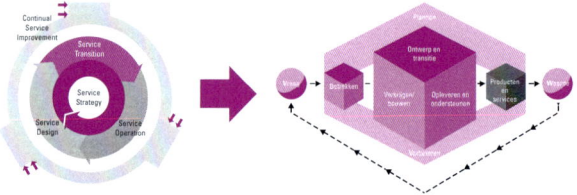

Figuur 19. De overgang van de levenscyclus van ITIL v3 naar de servicewaardeketen van ITIL 4

Elke activiteit van de servicewaardeketen kan door vele practices worden ondersteund. De activiteiten kunnen worden gecombineerd tot meerdere waardestromen, afhankelijk van de vraag van de organisatie. De set van 26 *processen*, vier Service Delivery-*activiteiten*, 11 Service Operation-*activiteiten* en vier Service Operation-*functies*, zoals gedefinieerd in ITIL v3, is geherdefinieerd in drie sets van **practices**, die nu 34 ITIL-practices voor servicemanagement omvatten:

- **14 algemene management-practices**, geadopteerd uit algemene businessmanagementdomeinen en aangepast voor servicemanagement
- **17 servicemanagement-practices**, ontwikkeld in servicemanagement en ITSM-sectoren
- **drie technische management-practices** die zijn verheven van service-management-*functies* tot meer generieke, technische practices voor de hele organisatie

Het ITIL 4 Foundation examen behandelt 24 vragen over deze practices en 16 vragen over de rest van het materiaal, waaronder de belangrijkste concepten, de richtinggevende principes, de vier dimensies, het servicewaardesysteem en de activiteiten van de servicewaardeketen. Omdat de meeste examenvragen over practices gaan, is het voor examenkandidaten van belang om de bijgewerkte set van ITIL-practices zorgvuldig te bestuderen.

Het in ITIL 4 geherdefinieerde gebruik van de termen **practice** en **proces** heeft een serieuze impact. Een proces wordt in ITIL 4 nog steeds gedefinieerd als een specifieke reeks activiteiten (zie par. 3.4), maar in ITIL 4 worden incidentmanagement, capaciteitsmanagement, probleemmanagement, releasemanagement enzovoort, niet langer als processen gedefinieerd: ze worden nu als **practices** beschouwd. Het bock ITIL Foundation, ITIL 4 Edition, biedt zelfs geen lijst met processen meer. Deze herbeoordeling van de term **proces** heeft enkele implicaties voor de servicewaardeketens: practices kunnen worden toegepast op elke waardestroom in de servicewaardeketens, in tegenstelling tot de manier waarop de voorgaande ITIL-processen (of liever: practices) min of meer werden toegewezen aan specifieke fasen van de ITIL-servicelevenscyclus.

ITIL 4 verwijst nog steeds naar verschillende processen, bijvoorbeeld een risicomanagementproces, een incidentmanagementproces voor informatiebeveiliging, een control review en auditproces, een identiteits- en toegangsmanagementproces en verschillende configuratiemanagement-

processen, maar deze worden niet specifiek beschreven in het
ITIL 4 Foundation materiaal. Het is in ITIL 4 gebruikelijk om verschillende
processen voor verschillende omgevingen *binnen één practice* te hebben.
Er kan bijvoorbeeld één proces zijn voor de implementatie van *client*
applicatieprogrammatuur en een heel ander proces voor de implementatie
van patches voor serverbesturingssystemen.

7.1 WIJZIGINGEN IN DE LIJST MET PROCESSEN/PRACTICES

Lezers met kennis van ITIL v3 zullen baat hebben bij het begrijpen hoe de
ITIL v3-processen, -activiteiten en -functies zijn getransformeerd in de
34 ITIL 4-practices. Hoewel de ITIL 4 Foundation publicatie geen details
bevat over de expliciete evolutie van ITIL v3 naar ITIL 4, zijn er serieuze
verschillen in de opsomming van processen/practices.

Een aantal ITIL v3-processen is niet gewijzigd: deze worden weergegeven in
beide kolommen in Tabel 1, maar nu als ITIL 4-practices.

De meeste ITIL v3-processen zijn tot op zekere hoogte opnieuw
gedefinieerd:
- Sommige ITIL v3-processen zijn opgesplitst in twee afzonderlijke ITIL 4-practices.
- Sommige ITIL v3-processen zijn gecombineerd in één ITIL 4-practice.
- Sommige ITIL v3-activiteiten zijn geüpgraded naar een ITIL 4-practice.

7 Verschillen met vorige ITIL-versies

ITIL v3-fase	ITIL v3-proces	ITIL 4-practice
Servicestrategie	Strategiemanagement voor IT-services	Strategiemanagement
Servicestrategie	Serviceportfoliomanagement	Portfoliomanagement
Servicestrategie	Financieel management voor IT-services	Financieel management van services
Servicestrategie	Klantrelatiemanagement	Relatiemanagement
		Bedrijfsanalyse
Servicestrategie	Demandmanagement	Capaciteits- en prestatie-management
Service-ontwerp	Capaciteitsmanagement	
Service-ontwerp	Ontwerpcoördinatie	Serviceontwerp
Service-ontwerp	Servicecatalogusmanagement	
Service-ontwerp	Servicelevelmanagement	
Service-ontwerp	Beschikbaarheidsmanagement	
Service-ontwerp	IT service continuity management	Servicecontinuïteits-management
Service-ontwerp	Informatiesecurity-management	Informatiebeveiligings-management
Serviceproductie	Access management	
Service-ontwerp	Leveranciersmanagement	
Servicetransitie	Transitieplanning en -support	Change enablement
Servicetransitie	Changemanagement	
Servicetransitie	Change-evaluatie	
Servicetransitie	Serviceasset- en configuratiemanagement	Serviceconfiguratie-management
Servicetransitie		IT-assetmanagement
Servicetransitie	Release- en deployment-management	Releasemanagement
Servicetransitie		Uitrolmanagement
Servicetransitie	Servicevalidatie en testen	
Servicetransitie	Kennismanagement	
Serviceproductie	Eventmanagement	Monitoring en event-management
Algemene productieactiviteiten	Monitoring en beheersing	
Serviceproductie	Incidentmanagement	
Serviceproductie	Request fulfilment	Servicerequestmanagement
Serviceproductie	Problemmanagement	

ITIL v3-fase	ITIL v3-proces	ITIL 4-practice
Serviceproductie	De functie Servicedesk	Servicedesk
Continue service-verbetering	Zevenstapverbeterproces	Voortdurend verbeteren
Verschillende, of niet expliciet beschreven activiteiten of practices	ITIL v3 algemene service-productieactiviteiten, waaronder Meten en rapporteren, IT-operaties, Print- en outputbeheer, Netwerkbeheer, Opslag en archivering, etc., of activiteiten en practices die niet expliciet waren beschreven.	Meting en rapportage
		Projectmanagement
		Infrastructuur- en platformmanagement
		Softwareontwikkeling en -management
		Risicomanagement
		Organisatieverandermanagement
		Personeels- en talentmanagement
		Architectuurmanagement

Tabel 1. Een interpretatie van de conversie van ITIL v3-processen en -activiteiten naar ITIL 4-practices

Examenkandidaten dienen de practices alleen te bestuderen op het niveau zoals aangegeven in Hoofdstuk 5.

8 Woordenlijst

> Let op: Deze woordenlijst bevat alle termen zoals gepresenteerd in de officiële ITIL 4 Glossary. De lijst bevat veel termen die niet geëxamineerd worden.
> Anders dan in de rest van deze pocketguide, is de woordenlijst, om redenen van leesbaarheid, opgemaakt in standaard, zwart lettertype.

Acceptatiecriteria: Een lijst met minimumvereisten waaraan een service- of servicecomponent moet voldoen om acceptabel te zijn voor de belangrijkste stakeholders.

Agile: een paraplubegrip voor een verzameling frameworks en technieken die samen teams en individuen in staat stellen te werken op een manier die wordt gekenmerkt door samenwerking, prioritering, iteratieve en incrementele levering en tijdbaden.
Er zijn verschillende specifieke methoden (of frameworks) die worden geclassificeerd als Agile, zoals Scrum, Lean en Kanban.

Architectuurmanagement [practice]: De practice om inzicht te verschaffen in alle verschillende elementen waar een organisatie uit bestaat en hoe die elementen zich tot elkaar verhouden.

Asset register: Een database of lijst met items waarmee belangrijke kenmerken worden vastgelegd, zoals eigendom en financiële waarde.

Baseline: Een rapport of metric die dient als startpunt waartegen voortgang of verandering kan worden beoordeeld.

Bedrijfsanalyse [practice]: De practice van het analyseren van een bedrijf of een onderdeel van een bedrijf, de bijbehorende vraag te definiëren, en oplossingen aan te bevelen om aan deze vraag te voldoen en/of een bedrijfsprobleem op te lossen, waarmee waardecreatie voor stakeholders wordt gefaciliteerd.

Belangrijke prestatie-indicator: Een belangrijke statistiek die wordt gebruikt om het succes van het behalen van een doelstelling te evalueren.
Ook: Key performance indicator (KPI)

Beleid: Formeel gedocumenteerde managementverwachtingen en -intenties, gebruikt om beslissingen en activiteiten te leiden.

Beoogd herstelpunt: Het punt waarop informatie die door een activiteit wordt gebruikt, moet worden hersteld om de activiteit bij hervatting te laten werken.
Engels: *recovery point objective* (RPO)

Beoogde hersteltijd: De maximaal toegestane tijdsperiode na een onderbreking van de service die kan verstrijken voordat het gebrek aan businessfunctionaliteit ernstige gevolgen heeft voor de organisatie.
Engels: *recovery time objective* (RTO)

Beschikbaarheid: Het vermogen van een IT-service of ander configuratie-item om de overeengekomen functie uit te voeren wanneer dat nodig is.

Beschikbaarheidsmanagement [practice]: De practice om ervoor te zorgen dat services overeengekomen niveaus van beschikbaarheid leveren om aan de vraag van klanten en gebruikers te voldoen.

8 Woordenlijst

Best practice: Een manier van werken waarvan door meerdere organisaties is bewezen dat deze succesvol is.

Betrekken: De activiteit in de servicewaardeketen die een goed begrip geeft van de vraag van stakeholders, transparantie, voortdurende betrokkenheid en goede relaties met alle stakeholders.

Betrouwbaarheid: Het vermogen van een product, service of ander configuratie-item om de beoogde functie uit te voeren gedurende een bepaalde periode of een bepaald aantal cycli.

Big data: Het gebruik van zeer grote volumes gestructureerde en ongestructureerde gegevens uit verschillende bronnen, teneinde nieuwe inzichten te verkrijgen.

Business case: Een verantwoording voor de besteding van organisatorische middelen, met informatie over kosten, voordelen, opties, risico's en issues.

Business impact analysis (BIA): Een kernactiviteit in de practice van servicecontinuïteitsmanagement die vitale bedrijfsfuncties en hun afhankelijkheden identificeert.

Callcenter: Een organisatie of bedrijfseenheid die grote aantallen inkomende en uitgaande oproepen en andere interacties afhandelt.

Capaciteits- en prestatiemanagement [practice]: De practice om ervoor te zorgen dat services overeengekomen en verwachte prestatieniveaus bereiken en op een kosteneffectieve manier voldoen aan de huidige en toekomstige vraag.

Capaciteitsplanning: De activiteit van het maken van een plan voor het managen van de middelen om aan de vraag naar services te voldoen.

Change: Het toevoegen, aanpassen of verwijderen van iets dat een direct of indirect effect op services kan hebben.
Ook: wijziging.

Change enablement [practice]: De practice om ervoor te zorgen dat risico's goed worden beoordeeld, changes worden geautoriseerd om door te gaan en een wijzigingsplan wordt gemanaged om het aantal succesvolle IT-changes te maximaliseren.

Cloud computing: Een model voor het mogelijk maken van on-demand netwerktoegang tot een gedeelde pool van configureerbare automatiseringsmiddelen die snel kan worden geleverd met minimale managementinspanning of interactie met de leverancier.

Compliance: De handeling om ervoor te zorgen dat een norm of een reeks richtlijnen wordt gevolgd, of dat er degelijke, consistente boekhouding wordt gevoerd of andere practices worden toegepast.

Configuratie: Een stelsel van configuratie-items (CI's) of andere middelen die samenwerken om een product of service te leveren.
Kan ook worden gebruikt om de parameterinstellingen voor één of meer CI's te beschrijven.

Configuratie-item (CI): Elk onderdeel dat moet worden gemanaged om een IT-service te kunnen leveren.

Configuration management database (CMDB): Een database die wordt gebruikt om configuratieregistraties tijdens hun gehele levenscyclus op te slaan.
De CMDB onderhoudt ook de relaties tussen configuratieregistraties.

Configuratiemanagementsysteem (CMS): Een set tools, gegevens en informatie die wordt gebruikt ter ondersteuning van serviceconfiguratiemanagement.

Configuratieregistratie: Een record met de details van een configuratie-item (CI).
Elke configuratieregistratie documenteert de levenscyclus van een enkele CI. Configuratieregistraties worden opgeslagen in een configuration management database.

Continue integratie/continue levering: Een geïntegreerde reeks practices en hulpprogramma's die worden gebruikt om de codes van ontwikkelaars samen te voegen, de resulterende software te bouwen en te testen en deze te verpakken zodat deze klaar is voor uitrollen.

Control: De middelen om een risico te beheersen, ervoor te zorgen dat een bedrijfsdoelstelling wordt bereikt of dat een proces wordt gevolgd.

Cultuur: Een reeks waarden die wordt gedeeld door een groep mensen, inclusief verwachtingen over hoe mensen zich zouden moeten gedragen, ideeën, overtuigingen en practices.

Dashboard: Een real-time grafische weergave van gegevens.

Derden: Externe stakeholders van een organisatie.

Design thinking: Een praktische en mensgerichte aanpak die door product- en service-ontwerpers wordt gebruikt om complexe problemen op te lossen en praktische en creatieve oplossingen te vinden die voldoen aan de vraag van een organisatie en haar klanten.

DevOps: Een organisatiecultuur die erop gericht is de waardestroom naar klanten te verbeteren.
DevOps richt zich op cultuur, automatisering, Lean, meten en delen.

Digitale transformatie: De evolutie van traditionele bedrijfsmodellen om te voldoen aan de vraag van zeer empowered klanten, waarbij technologie een ondersteunende rol speelt.

Doorbelasting: De activiteit die een prijs aan services toewijst.

Doorvoer: Een maat voor de hoeveelheid werk die een product, service of ander systeem gedurende een bepaalde periode heeft verricht.
Engels: *throughput*.

Driver: Iets dat de strategie, doelstellingen of vereisten beïnvloedt.

Effectiviteit: Een meting voor het vaststellen of de doelstellingen van een practice, service of activiteit zijn bereikt.
Ook: doeltreffendheid.

Efficiëntie: Een meting voor het vaststellen of de juiste hoeveelheid resources is gebruikt door een practice, service of activiteit.
Ook: doelmatigheid.

Emergency change: Een change die zo snel mogelijk moet worden doorgevoerd.

Error: Een fout of kwetsbaarheid die incidenten kan veroorzaken.

Error control: Activiteiten voor de practice problemmanagement die worden gebruikt om known errors te managen.

Escalatie: Het delen van bewustzijn of het overdragen van het eigendom van issues of werkzaamheden.

Event: Elke statuswijziging die van belang is voor het management van een service of ander configuratie-item.
Ook: gebeurtenis.

Externe klant: Een klant die voor een andere organisatie dan de serviceprovider werkt.

Feedback loop: Een techniek waarbij de outputs van een deel van een systeem worden gebruikt als input voor hetzelfde deel van het systeem.

Financieel management van services [practice]: De practice om de strategieën en plannen van een organisatie voor servicemanagement te ondersteunen door ervoor te zorgen dat de financiële middelen en investeringen van de organisatie effectief worden gebruikt.

Gebruiker: Een rol die services gebruikt.

Gebruikerservaring: De som van functionele en emotionele interacties met een service en service-provider zoals die wordt ervaren door een gebruiker.

Gemiddelde tijd tussen storingen: Een metric die aangeeft hoe vaak een service of ander configuratie-item faalt.
Engels: *Mean time between failures* (MTBF).

Gemiddelde tijd om de service te herstellen: Een metric die aangeeft hoe snel een service wordt hersteld na een storing.
Engels: *Mean time to restore service* (MTRS).

Governance: De manier waarop een organisatie wordt aangestuurd en beheerst.

Herstellen: De activiteit van het terugbrengen van een configuratie-item naar haar normale werking, na een storing.

Identiteit: Een unieke naam die wordt gebruikt voor het identificeren en verlenen van systeemtoegangsrechten aan een gebruiker, persoon of rol.

Incident: Een ongeplande onderbreking van een service of een vermindering van de kwaliteit van een service.

Incident management [practice]: De practice om de negatieve impact van incidenten te minimaliseren door de normale servicewerkzaamheden zo snel mogelijk te herstellen.

Informatie en technologie: Eén van de vier dimensies van servicemanagement.
Het omvat de informatie en kennis die wordt gebruikt om services te leveren, en de informatie en technologieën die worden gebruikt om alle aspecten van het servicewaardesysteem te managen.

Informatiebeveiligingsbeleid: Het beleid dat de manier regelt waarop een organisatie omgaat met informatiebeveiligingsmanagement.

Informatiebeveiligingsmanagement [practice]: De practice van het beschermen van een organisatie door het begrijpen en managen van risico's voor de vertrouwelijkheid, integriteit en beschikbaarheid van informatie.

Infrastructuur- en platformmanagement [practice]: De practice van het toezicht houden op de infrastructuur en platforms die door een organisatie worden gebruikt.
Dit maakt monitoring mogelijk van beschikbare technologieoplossingen, inclusief oplossingen van derden.

Integriteit: Een beveiligingsdoel dat ervoor zorgt dat informatie alleen wordt gewijzigd door geautoriseerde medewerkers en activiteiten.

Interne klant: Een klant die voor dezelfde organisatie werkt als de serviceprovider.

Internet of Things: De verbondenheid via internet van apparaten die traditioneel niet als IT-middelen worden beschouwd, maar die nu ingebedde automatiseringsmogelijkheden en netwerkconnectiviteit omvatten.

IT-asset: Elk financieel waardevol onderdeel dat kan bijdragen aan de levering van een IT-product of -service.

IT-assetmanagement [practice]: De practice van het plannen en managen van de volledige levenscyclus van alle IT-assets.

IT-infrastructuur: Alle hardware, software, netwerken en faciliteiten die nodig zijn om IT-services te ontwikkelen, testen, leveren, bewaken, managen en ondersteunen.

IT-service: Een service die is gebaseerd op het gebruik van informatietechnologie.

ITIL: Best-practice leidraad voor IT-servicemanagement.

ITIL-richtinggevende principes: Aanbevelingen die een organisatie onder alle omstandigheden kunnen begeleiden, ongeacht veranderingen in haar doelen, strategieën, soort werk of managementstructuur.

ITIL-servicewaardeketen: Een managementmodel voor service-providers dat alle essentiële activiteiten omvat die nodig zijn om producten en services effectief te managen.

Kanban: Een methode voor het visualiseren van werk, het identificeren van potentiële blokkades en middelenconflicten en het managen van werk in uitvoering.

Kennismanagement [practice]: De practice van het onderhouden en verbeteren van het effectieve, efficiënte en gemakkelijke gebruik van informatie en kennis in een organisatie.

Klant: Een rol die de vereisten voor een service definieert en de verantwoordelijkheid neemt voor de eindresultaten van het gebruik van de service.

Klantervaring: De som van functionele en emotionele interacties met een service en service-provider zoals die wordt ervaren door een klant.

Klantrelatiebeheerder: Een rol die verantwoordelijk is voor het onderhouden van goede relaties met één of meer klanten.

Known error: Een problem dat is geanalyseerd maar nog niet is opgelost.

Kosten: De hoeveelheid geld die aan een specifieke activiteit of middel is besteed.

Kostenplaats: Een bedrijfsonderdeel of een project waaraan kosten worden toegerekend.

Kritieke succesfactor: Een noodzakelijke voorwaarde voor het bereiken van de beoogde resultaten.

Lean: Een aanpak die zich richt op het verbeteren van workflows voor het maximaliseren van waarde door het elimineren van verspilling.

Levenscyclus: De volledige reeks fasen, overgangen en bijbehorende statussen in de levensduur van een service, product, practice of andere entiteit.

Leverancier: Een stakeholder die verantwoordelijk is voor het leveren van services die door een organisatie worden gebruikt.

Leveranciersmanagement [practice]: De practice om ervoor te zorgen dat de leveranciers van een organisatie en hun prestatieniveaus op de juiste manier worden gemanaged om de levering van producten en services van naadloze kwaliteit te ondersteunen.

Live: Verwijst naar een service of ander configuratie-item in de productie-omgeving.

Major incident: Een incident met aanzienlijke businessimpact, waarvoor een onmiddellijk, gecoördineerd herstel vereist is.

Managementsysteem: Onderling samenhangende of interactieve elementen die beleid en doelstellingen bepalen en het bereiken van die doelstellingen mogelijk maken.

Meting en rapportage [practice]: De practice van het ondersteunen van een goede besluitvorming en het voortdurend verbeteren door het verminderen van het niveau van onzekerheid.

Metric: Een meting of berekening die wordt gemonitord of gerapporteerd voor management en verbetering.

Middel: Personeel, materiaal, financiën of een andere entiteit, nodig voor het uitvoeren van een activiteit of het bereiken van een doelstelling. De middelen die een organisatie gebruikt kunnen eigendom van de organisatie zijn, of ze kunnen worden gebruikt op basis van een overeenkomst met de eigenaar van de middelen.
Engels: *resource*.

Minimum levensvatbaar product: een product met precies genoeg functies om vroege klanten tevreden te stellen en feedback te geven voor toekomstige productontwikkeling.
Engels: *minimum viable product* (MVP).

Missie: Het algemene doel en de intenties van een organisatie.

Model: Een weergave van een systeem, practice, proces, service of andere entiteit die wordt gebruikt om het gedrag en de relaties te begrijpen en te voorspellen.

Modelleren: De activiteit van het maken, onderhouden en gebruiken van modellen.

Monitoring: Herhaalde observatie van een systeem, practice, proces, service of andere entiteit om gebeurtenissen te detecteren en ervoor te zorgen dat de actuele status bekend is.

Monitoring en eventmanagement [practice]: De practice van het systematisch observeren van services en servicecomponenten en het registreren en rapporteren van geselecteerde statuswijzigingen die als events zijn geïdentificeerd.

Norm: Een document, opgesteld bij consensus en goedgekeurd door een erkende instantie, dat voorziet in gemeenschappelijk en herhaald gebruik, verplichte vereisten, richtlijnen of kenmerken voor het onderwerp.

Omgeving: Een deelverzameling van de IT-infrastructuur die voor een bepaald doel wordt gebruikt, bijvoorbeeld een productie- of testomgeving. Kan ook de externe omstandigheden betekenen die iets beïnvloeden of beïnvloeden.

Onderhoudbaarheid: Het gemak waarmee een service of andere entiteit kan worden gerepareerd of aangepast.

Ondersteuningsteam: Een team met de verantwoordelijkheid om de normale werking te handhaven, verzoeken van gebruikers aan te pakken en incidenten en problems op te lossen, met betrekking tot gespecificeerde producten, services of andere configuratie-items.

Ontwerp en transitie: De waardeketenactiviteit die ervoor zorgt dat producten en services voortdurend voldoen aan de verwachtingen van stakeholders over kwaliteit, kosten en doorlooptijd.

Ontwikkelomgeving: Een omgeving die wordt gebruikt om IT-services of -toepassingen te maken of te wijzigen.

Operationele technologie: Hardware- en softwareoplossingen die veranderingen in fysieke processen veroorzaken of detecteren, door directe monitoring en/of beheersing van fysieke apparaten zoals kleppen, pompen, enz.

Opleveren en ondersteunen: De waardeketenactiviteit die garandeert dat services worden geleverd en ondersteund volgens overeengekomen specificaties en verwachtingen van stakeholders.

Oplossing: De actie om een incident of probleem op te lossen.

Organisatie: Een persoon of een groep mensen die eigen functies heeft, met verantwoordelijkheden, bevoegdheden en relaties om zijn/haar doelstellingen te bereiken.

Organisaties en mensen: een van de vier dimensies van servicemanagement.
Het zorgt ervoor dat de manier waarop een organisatie wordt gestructureerd en gemanaged, evenals de rollen, verantwoordelijkheden en systemen van autoriteit en communicatie, goed gedefinieerd is en de algemene strategie en het bedrijfsmodel ondersteunt.

Organisatiesnelheid: De snelheid, effectiviteit en efficiëntie waarmee een organisatie werkt.
De snelheid van de organisatie beïnvloedt de time-to-market, kwaliteit, veiligheid, kosten en risico's.

Organisatieveerkracht: Het vermogen van een organisatie om te anticiperen op, zich voor te bereiden op, te reageren op en zich aan te passen aan niet-geplande externe invloeden.

Organisatieverandermanagement [practice]: De practice om ervoor te zorgen dat veranderingen in een organisatie soepel en met succes worden geïmplementeerd en dat blijvende voordelen worden behaald door de menselijke aspecten van de veranderingen te managen.

Output: Een materieel of immaterieel voortbrengsel van een activiteit.

Partners en leveranciers: Eén van de vier dimensies van servicemanagement.
Het omvat de relaties die een organisatie heeft met andere organisaties die betrokken zijn bij het ontwerpen, ontwikkelen, inzetten, leveren, ondersteunen en/of voortdurend verbeteren van services.

Partnerschap: Een relatie tussen twee organisaties waarbij nauw wordt samengewerkt om gemeenschappelijke doelen en doelstellingen te bereiken.

Personeels- en talentmanagement [practice]: De practice om ervoor te zorgen dat een organisatie de juiste mensen heeft met de juiste vaardigheden en kennis en in de juiste rollen om haar bedrijfsdoelstellingen te ondersteunen.

Pilot: Een testimplementatie van een service met een beperkte scope in een productieomgeving.

Plannen: De activiteit in de servicewaardeketen die zorgt voor een gedeeld begrip van de visie, huidige status en verbeterrichting voor alle vier de dimensies en alle producten en services binnen een organisatie.

Portfoliomanagement [practice]: De practice om ervoor te zorgen dat een organisatie de juiste mix van programma's, projecten, producten en services heeft om haar strategie uit te voeren binnen haar financierings- en middelenbeperkingen.

***Post-implementation review* (PIR)**: Een beoordeling na de implementatie van een change, om het succes te evalueren en kansen voor verbetering te identificeren.

Practice: Een set van organisatorische middelen die zijn ontworpen voor het uitvoeren van werk of het bereiken van een doelstelling.

Prestatie: Een maatstaf voor wat wordt bereikt of geleverd door een systeem, persoon, team, practice of service.

Problem: Een oorzaak of mogelijke oorzaak van een eerder opgetreden, actueel of nog op te treden incident.

Problemmanagement [practice]: De practice van het verminderen van de waarschijnlijkheid en impact van incidenten door daadwerkelijke en potentiële oorzaken van incidenten te identificeren en workarounds en known errors te managen.

Procedure: Een gedocumenteerde manier om een activiteit of een proces uit te voeren.

Proces: Een reeks onderling gerelateerde of interactieve activiteiten die inputs in outputs omzetten.
Processen definiëren de volgorde van acties en hun afhankelijkheden.

Product: Een configuratie van de middelen van een organisatie die is ontworpen om waarde voor een consument te bieden.

Productie: Het uitvoeren en managen van een activiteit, product, service of ander configuratie-item.

Productieomgeving: Een gecontroleerde omgeving die wordt gebruikt bij de levering van IT-services aan de consument.

Programma: Een reeks gerelateerde projecten en activiteiten, en een organisatiestructuur die is gemaakt om deze te leiden en te overzien.

Project: Een tijdelijke structuur die is gecreëerd met het doel een of meer outputs (of producten) af te leveren volgens een overeengekomen business case.

Projectmanagement [practice]: De practice om ervoor te zorgen dat alle projecten van een organisatie met succes worden opgeleverd.

Quick win: Een verbetering die naar verwachting in korte tijd rendement oplevert, met relatief lage kosten en moeite.

Rampherstelplannen: Een reeks duidelijk omschreven plannen met betrekking tot hoe een organisatie zich van een ramp zal herstellen en zal terugkeren naar een toestand vóór de ramp, rekening houdend met de vier dimensies van servicemanagement.

Record: Een document dat behaalde resultaten en uitgevoerde activiteiten beschrijft.
Ook: registratie.

Relatiemanagement [practice]: De practice van het leggen en onderhouden van verbanden tussen een organisatie en haar stakeholders op strategisch en tactisch niveau.

Release: Een versie van een service of een ander configuratie-item, of een verzameling configuratie-items, die voor gebruik beschikbaar wordt gemaakt.

Releasemanagement [practice]: De practice om nieuwe en gewijzigde services en functies beschikbaar te maken voor gebruik.

***Request for change* (RFC)**: Een beschrijving van een voorgestelde change die wordt gebruikt om change enablement te initiëren.
Ook: change request, wijzigingsverzoek.

Risico: Een mogelijke gebeurtenis die schade of verlies kan veroorzaken of het moeilijker kan maken om doelen te bereiken.
De term 'risico' kan ook worden gedefinieerd als onzekerheid over de uitkomst en kan worden gebruikt in de context van het meten van de kans op positieve uitkomsten en negatieve uitkomsten.

Risico-assessment Een activiteit om risico's te identificeren, analyseren en evalueren.

Risicomanagement [practice]: De practice om ervoor te zorgen dat een organisatie risico's begrijpt en effectief afhandelt.

Service: Een middel om cocreatie van waarde mogelijk te maken door resultaten te faciliteren die klanten willen bereiken, zonder dat de klant specifieke kosten en risico's hoeft te managen.

Service level agreement (SLA): Een gedocumenteerde overeenkomst tussen een service-provider en een klant die zowel de vereiste services als het verwachte servicelevel identificeert.

Service request: Een verzoek van een gebruiker of een door de gebruiker gemachtigde vertegenwoordiger die een serviceactie initieert die als normaal onderdeel van de servicelevering is overeengekomen.

Serviceaanbieding/serviceaanbod: Een beschrijving van één of meer services, ontworpen om tegemoet te komen aan de vraag van een beoogde groep consumenten.
Een serviceaanbieding kan goederen, toegang tot middelen en servicewerkzaamheden omvatten.

Servicearchitectuur: Een weergave van alle services die door een organisatie worden geleverd.
Servicearchitectuur omvat interacties tussen de services en servicemodellen die de structuur en dynamiek van elke service beschrijven.

Servicecatalogus: Gestructureerde informatie over alle services en serviceaanbiedingen van een service-provider relevant voor een specifieke doelgroep.

Servicecatalogusmanagement [practice]: De practice om te voorzien in één enkele bron van consistente informatie over alle services en service-aanbiedingen en ervoor te zorgen dat deze beschikbaar is voor de relevante doelgroep.

Serviceconfiguratiemanagement [practice]: De practice om ervoor te zorgen dat nauwkeurige en betrouwbare informatie beschikbaar is over de configuratie van services en de configuratie-items die deze ondersteunen, waar en wanneer nodig.

Serviceconsumptie: Activiteiten die door een organisatie worden uitgevoerd om services te consumeren.
Serviceconsumptie omvat het managen van de middelen van de consument die nodig zijn om de service te gebruiken, serviceactiviteiten die door gebruikers worden uitgevoerd en het ontvangen (verwerven) van goederen (indien nodig).

Servicecontinuïteitsmanagement [practice]: De practice om ervoor te zorgen dat de beschikbaarheid en prestatie van de service op een voldoende niveau worden gehouden in geval van een ramp.

Servicedesk [practice]: De practice van het vastleggen van de vraag naar incidentresolutie en serviceaanvragen.

Servicedesk [team]: Het punt van communicatie tussen de service-provider en al zijn gebruikers.

Service-eigenaar: Een rol die verantwoordelijk is voor de levering van een specifieke service.

Servicelevel: Een set meetbare parameters die de verwachte of behaalde servicekwaliteit bepalen.

Servicelevelmanagement [practice]: De practice om duidelijke business-gebaseerde doelen voor serviceprestaties op te stellen, zodat de levering van een service goed kan worden beoordeeld, gemonitord en gemanaged met deze targets.

Servicelevering: Activiteiten die door een organisatie worden uitgevoerd om services te verlenen.
Servicelevering omvat het managen van middelen die zijn geconfigureerd om de service te leveren, het managen van toegang tot deze middelen voor gebruikers, de uitvoering van de overeengekomen serviceacties, het managen van de serviceprestatie en voortdurend verbeteren. Servicelevering kan ook de levering van goederen omvatten.

Servicemanagement: Een reeks gespecialiseerde organisatorische vermogens om waarde voor klanten in de vorm van services mogelijk te maken.

Serviceontwerp [practice]: De practice van het ontwerpen van producten en services die geschikt zijn voor het beoogde doel, *fit for use* zijn, en kunnen worden geleverd door de organisatie en haar ecosysteem.

Serviceportfolio: Een complete set producten en services die gedurende hun levenscyclus door een organisatie worden gemanaged.

Service-provider: Een rol die een organisatie in een servicerelatie vervult om services aan consumenten te leveren.

Servicerelatie: Een samenwerking tussen een service-provider en een serviceconsument.
Servicerelaties omvatten servicelevering, serviceconsumptie en servicerelatiemanagement.

Servicerelatiemanagement: Gezamenlijke activiteiten uitgevoerd door een service-provider en een serviceconsument om cocreatie van constante waarde te garanderen, op basis van overeengekomen en beschikbare serviceaanbiedingen.

Servicerequestmanagement [practice]: De practice om de overeengekomen kwaliteit van een service te ondersteunen door alle vooraf gedefinieerde, door de gebruiker geïnitieerde service requests op een effectieve en gebruikersvriendelijke manier af te handelen.

Servicevalidatie en testen [practice]: De practice om ervoor te zorgen dat nieuwe of gewijzigde producten en services aan bepaalde vereisten voldoen.

Servicewaardesysteem (SWS): Een model dat aangeeft hoe alle componenten en activiteiten van een organisatie samenwerken om waardecreatie te bevorderen.

Softwareontwikkeling en -management [practices]: De practice om ervoor te zorgen dat applicaties voldoen aan de vraag van stakeholders op het gebied van functionaliteit, betrouwbaarheid, onderhoudbaarheid, compliance en controleerbaarheid.

Sourcing: De activiteit van het plannen en verkrijgen van middelen van een bepaald type, die intern of extern, gecentraliseerd of gedistribueerd, en open of bedrijfseigen kunnen zijn.

Specificatie: Een gedocumenteerde beschrijving van de eigenschappen van een product, service of ander configuratie-item.

Sponsor: Een rol die toestemming geeft voor het gebruik van budget. Kan ook worden gebruikt om een organisatie of persoon te beschrijven die financiële of andere ondersteuning biedt voor een initiatief.

Stakeholder: Een persoon of organisatie die een belang of betrokkenheid heeft bij een organisatie, product, service, practice of andere entiteit. Ook: belanghebbende.

Standaardchange: Een vooraf geautoriseerde change met laag risico, die goed wordt begrepen en volledig is gedocumenteerd, en die kan worden geïmplementeerd zonder dat hiervoor aanvullende autorisatie nodig is. Ook: standaardwijziging.

Status: Een beschrijving van de specifieke toestanden die een entiteit op een bepaald moment kan hebben.

Storing: Een verlies van het vermogen om volgens specificatie te werken of om de vereiste output of de vereiste uitkomst te leveren.

Strategiemanagement [practice]: De practice van het formuleren van de doelen van een organisatie en het adopteren van de acties en de toewijzing van middelen die nodig zijn om die doelen te bereiken.

Systeem: Een combinatie van samenhangende elementen die is georganiseerd en wordt onderhouden om één of meer uitgesproken doelen te bereiken.

Systeemdenken: Een holistische benadering van analyse die zich richt op de manier waarop de samenstellende delen van een systeem werken, met elkaar in verband staan en interactie vertonen in de loop van de tijd, en in de context van andere systemen.

Technische schuld: De hoeveelheid achterstallig werk die is opgebouwd door het kiezen van workarounds in plaats van systeemoplossingen die meer tijd zouden vergen.

Telefoongesprek: Een interactie met de Servicedesk.
Een telefoongesprek kan ertoe leiden dat een incident of een service request wordt vastgelegd.

Testomgeving: Een gecontroleerde omgeving die is ingesteld om producten, services en andere configuratie-items te testen.

Transactie: Een enkelvoudige handeling bestaande uit een uitwisseling tussen twee of meer deelnemers of systemen.

Uitbesteding: Het proces waarbij externe leveranciers producten en services leveren die voorheen intern werden geleverd.
Ook: outsourcing.

Uitfaseren: De handeling van het permanent uit gebruik of productie nemen van een product, service of ander configuratie-item.

Uitkomst: Een resultaat voor een stakeholder mogelijk gemaakt door een of meer outputs.
Ook: outcome.

Uitrollen: Het verplaatsen van een servicecomponent naar een andere omgeving.

Uitrolmanagement [**practice**]: De practice van het verplaatsen van nieuwe of gewijzigde hardware, software, documentatie, processen of andere servicecomponenten naar productieomgevingen.

Use case: Een techniek die realistische praktische scenario's gebruikt om functionele vereisten te definiëren en om tests te ontwerpen.

Utility: De functionaliteit die een product of service biedt om aan een specifieke vraag te voldoen.

***Utility*-vereisten**: Functionele vereisten die door de klant zijn gedefinieerd en die uniek zijn voor een specifiek product.

Validatie: Bevestiging dat het systeem, het product, de service of een andere entiteit voldoet aan de overeengekomen specificatie.

Verbeteren: De activiteit in de servicewaardeketen die zorgt voor voortdurende verbetering van producten, services en werkwijzen in alle activiteiten van de servicewaardeketen en de vier dimensies van servicemanagement.

Verkrijgen/bouwen: De activiteit in de servicewaardeketen die ervoor zorgt dat servicecomponenten beschikbaar zijn wanneer en waar ze nodig zijn en dat ze voldoen aan de overeengekomen specificaties.

Vermogen: Het gegeven dat een organisatie, persoon, proces, toepassing, configuratie-item of IT-service een activiteit uit kan voeren.

Vertrouwelijkheid: Een beveiligingsdoel dat ervoor zorgt dat informatie niet beschikbaar wordt gesteld of wordt bekendgemaakt aan niet-geautoriseerde entiteiten.

Verzoekscatalogus: Een weergave van de servicecatalogus met details over serviceaanvragen voor bestaande en nieuwe services die voor de gebruiker beschikbaar worden gesteld.

Vier dimensies van servicemanagement: De vier perspectieven die cruciaal zijn voor het effectief en efficiënt faciliteren van waarde voor klanten en andere stakeholders in de vorm van producten en services.

Visie: Een gedefinieerde ambitie van wat een organisatie in de toekomst graag zou willen worden.

Volwassenheid: Een maatstaf voor de betrouwbaarheid, efficiëntie en effectiviteit van een organisatie, practice of proces.

Voortdurend verbeteren [practice]: De practice van het afstemmen van de services en practices van een organisatie op de veranderende vraag door de voortdurende identificatie en verbetering van alle elementen die betrokken zijn bij het effectieve management van producten en services.

Vraag: Input van het servicewaardesysteem op basis van kansen en vraag van interne en externe stakeholders.

Waarde: De gepercipieerde voordelen, bruikbaarheid en het belang van iets.

Waardeketenactiviteit: Een stap die een organisatie in de ITIL-servicewaardeketen neemt bij het creëren van waarde.

Waardestromen en processen: Eén van de vier dimensies van servicemanagement.
Het definieert de activiteiten, workflows, controls en procedures die nodig zijn om de overeengekomen doelstellingen te bereiken.

Waardestroom: Een reeks stappen die een organisatie onderneemt om producten en services te creëren en aan consumenten te leveren.

Warranty: Zekerheid dat een product of service aan de overeengekomen vereisten voldoet.

***Warranty*-vereisten**: Typisch niet-functionele eisen, vastgelegd als input van belangrijke stakeholders en andere practices.

Watervalmethode: Een ontwikkelbenadering die lineair en sequentieel is met duidelijke doelstellingen voor elke ontwikkelfase.

Werkinstructie: Een gedetailleerde beschrijving die moet worden gevolgd om een activiteit uit te voeren.

Workaround: Een oplossing die de impact vermindert of elimineert van een incident of problem waarvoor nog geen volledige oplossing beschikbaar is.
Sommige workarounds verminderen de waarschijnlijkheid van incidenten.

Wijzigingsautoriteit: Een persoon of groep die verantwoordelijk is voor het autoriseren van een change.

Wijzigingsmodel: Een herhaalbare benadering van het managen van een bepaald type change.

Wijzigingsplan: Een agenda met geplande en historische changes.
Ook: wijzigingenkalender.

Acroniemen

AI	*artificial intelligence*
BCM	bedrijfscontinuïteitsmanagement
BIA	business impact analysis
BRM	*business relationship manager*
CI	configuratie-item
CIR	*continual improvement register*
CMDB	configuration management database
CMS	configuratiemanagementsysteem
CSF	critical success factor
CTI	computer-telefonie-integratie
CX	customer experience
G-D	*goods-dominant*
IaaS	*infrastructure as a service*
IoT	Internet of Things
IT	informatietechnologie
ITAM	IT-assetmanagement
ITIL MP	ITIL Managing Professional
ITIL SL	ITIL Strategic leader
ITSM	IT-servicemanagement
IVR	interactief voice-response systeem
KPI	*key performance indicator*
MTBF	*mean time between failures*

MTRS	*mean time to restore service*
MVP	*minimum viable product*
PaaS	*platform as a service*
PESTLE	politiek, economisch, sociaal, technologisch, *legal, environmental*
RFC	*request for change*
RPA	*robotic process automation*
RPO	*recovery point objective*
RTO	*recovery time objective*
S-D	*service-dominant*
SaaS	*software as a service*
SAM	software-assetmanagement
SLA	service level agreement
SWS	servicewaardesysteem
UX	*user experience*
VBF	*vital business function*

Bronnen

A Primer on the T-professional. Dr. Phil Gardner and Dr. Doug Estry, Michigan State University, 2017

ITIL 4 Foundation, ITIL 4 Edition, TSO, 2019

ITIL 4 Foundation Exam Specification, AXELOS, January 2019

Service-dominant logic 2025. Stephen L. Vargo, Robert F. Lusch. Elsevier, International Journal of research in Marketing 34 (2017), 46-67

Value Proposition Design. Alexander Osterwalder, Yves Peigneur, Greg Bernard, Alan Smith, Wiley & Sons, 2014